Rózsa Gottlieb

Die Kälte, der Hunger, die Finsternis

Aus dem Ungarischen von
Hans Skirecki

K&K Verlag
Rose Ausländer-Stiftung

Schriftenreihe der Rose Ausländer-Stiftung, Band 22
Herausgegeben von Jeanette Krymalowski und Helmut Braun

ISBN 3-932670-22-1

© Rose Ausländer-Stiftung, Köln 2002
Satz & Gestaltung: Camilla van Heumen, Köln
Druck und Bindung: BM-Druckservice, Köln
Printed in Germany

Rózsa Gottlieb

Die Kälte, der Hunger, die Finsternis

Das Wunder, wie wir mit unserem Kind
das Lager von Mogiljow überlebten

Aus dem Ungarischen von Hans Skirecki

K&K Verlag
Rose Ausländer-Stiftung

Danksagung

Dieses Buch wäre ohne die engagierte Unterstützung von Jeanette Krymalowski in dieser Form nicht entstanden.

Herrn Prof. Dr. Jan Philipp Reemtsma bin ich zu großem Dank verpflichtet, da er die ungarische Originalausgabe meines Buches in die deutsche Sprache übersetzen ließ.

Mein Dank gilt auch Herbert Sachs für die hervorragenden Photoarbeiten.

„Für meine Tochter,
meine Enkelin und
meine Urenkelin"

30. Oktober 1941 in Czernowitz/Bukowina

Es dunkelt früh. Elemér ist noch nicht wieder zu Hause. Katica schläft friedlich in ihrem kleinen Wagen. Trotz der immer beängstigenderen Nachrichten kann ich mir eine gewisse Zufriedenheit nicht verkneifen. Die tägliche Hausarbeit ist getan, jetzt lasse ich den Blick auf der wiederhergestellten Ordnung in der kleinen Wohnung ruhen. Was mir helle Freude bereitet, obwohl Krieg ist, Gräuelmeldungen kommen und unser Leben an einem dünnen Faden hängt, ist der Umstand, daß Katica allmählich Appetit bekommt. Seit der Geburt wollte sie nie richtig trinken, nur mit größter Geduld und gegen größten Widerstand gelang es, ihr wenigstens etwas Nahrung zu geben. Aber heute hat sie ausgiebig an meiner Brust gesaugt, sie wollte kaum aufhören. Zum ersten Mal hat sie beide Brüste geleert. Egal wie es in diesem Augenblick außerhalb dieser vier Wände aussehen mag, ich bin glücklich und zufrieden. Ich trete auf Zehenspitzen an den Kinderwagen und betrachte vergnügt das Kind mit den vor Sattheit geröteten Wangen. Ich sehe, wie es regelmäßig atmet. Die kleinen Fäuste hält es an die Schläfen gedrückt, das hat es sich schon im Mutterleib angewöhnt. Ich sehe die langen Wimpern, die winzige Nase, den vollkommen geformten Mund. Alle bestaunen das Kind. Und erst, wenn es gebadet wird! Gut, daß es mir einfällt. Ich muß Wasser aufsetzen. Ich mache Licht. Leise knistert der Petroleumkocher, während das Wasser warm wird. Es ist lächerlich und dumm, daß ich so ruhig und glücklich bin, wo doch in jedem Augenblick etwas passieren kann.

31. Oktober 1941

Überraschend wurde das Haus von der Gestapo umstellt. Als wir aus dem Fenster sahen, wie die jüdischen Bewohner zusammengetrieben wurden, zogen wir uns den Mantel über, das Kind kam in ein warmes Steckkissen, ich nahm es auf den Arm. Wir stellten uns auf das Unvermeidliche ein. Elemér legte den Arm um meine Schulter, während ich Katicas ernstes und aufmerksames Gesicht betrachtete. Plötzlich lächelte sie, lachte fast. Das hielt ich für ein gutes Zeichen. Ich erwartete ein Wunder. Und das Wunder geschah.

Die Soldaten gingen von Wohnung zu Wohnung, mehrmals hörten wir ihre Stiefel an unserer Tür vorüberstampfen, hörten auch ihre groben Stimmen und wie sie mit den Fäusten gegen die Türen rechts und links nebenan schlugen. Aber unsere ließen sie aus. Was nichts zu besagen hatte: wenn nicht heute, dann morgen. So war es auch. Und doch glich der kleine Vorfall einem gütigen im voraus aufgedruckten Stempel auf den dunklen Seiten unseres kommenden Leidenswegs. Als die Soldaten noch am selben Abend zurückkehrten, empfingen wir sie fast gelassen. Die nicht mehr sichere Wohnung und die entsetzlichen Menschenjagden waren inzwischen so unerträglich, daß wir naiverweise glaubten, schlimmer könne es nicht mehr kommen. Der Offizier des Kommandos gab uns einige Stunden Aufschub, um so viele Sachen einzupacken, wie wir würden tragen können. Wir machten uns fieberhaft an die Arbeit. Am wichtigsten war warme Kleidung. Wir hatten zwei Rucksäcke, zwei Seitentaschen und zwei kleinere Koffer.

1. November 1941

Unterwegs ins Lager. Es war noch dunkel, als es losging. Ich hatte Katicas Sachen in meinem Rucksack. Die Tasche an meiner Seite war prall gefüllt mit sauberen Windeln, in einer kleineren, wasserdichten Tasche sammelte ich die schmutzigen. Ich durfte das Kind im Wagen zum Bahnhof schieben. Elemérs Umsicht war es zu verdanken, daß wir noch hastig ein Stück Leinenstoff mitgenommen hatten, so daß ich mir, wenn es nötig sein sollte, Katica vorn um den Hals hängen konnte. Wie klug das war, merkten wir erst später. Elemér tat mir leid, er schleppte den Rucksack mit unseren nötigsten Sachen. Über den Schultern hing ihm je eine Tasche mit Lebensmitteln und Wasser, in jeder Hand trug er einen Koffer voll Kleidung und Wäsche. Als wir aufbrachen, hatte uns ein Nachbar ein Federbett gegeben. Es mitzunehmen, schien mir unmöglich. Doch Elemér kannte kein Unmöglich, er sagte: Vielleicht wird es uns vor dem Erfrieren retten. Er rollte das Bett der Länge nach ein und band es mit einer Schnur zusammen, so daß es wie eine riesige Wurst aussah. Die Mitte der Wurst band er oben auf dem Rucksack fest, die beiden Enden des rotgestreiften Inletts reichten auf beiden Seiten fast bis zum Boden. Wir trugen Wintermäntel und

darunter so viele Schichten übereinander, wie wir nur anziehen konnten. So zogen wir, den Kinderwagen schiebend, an diesem kalten, nebligen Novembermorgen zum Bahnhof. Soldaten begleiteten uns und weitere Gruppen von Menschen stießen dazu. Am Bahnhof hatte sich bereits eine große Menschenmenge eingefunden. Ähnlich bepackt wie wir, warteten sie, was geschehen würde. Niemand wusste, wohin man uns bringen wollte. Der aus Viehwagen bestehende, schier endlose Zug verhieß nichts Gutes, trotzdem konnten wir es kaum erwarten einzusteigen, denn es hatte zu regnen begonnen, und wir dachten mit Schrecken an die durchnäßten Rucksäcke und die durch und durch feuchte Bettdecke, diese Federwurst, die ich auf dem langen Weg, der vor uns lag, immer wieder verfluchte, die aber doch in den folgenden Monaten Elemérs Beharrlichkeit üppig belohnte.
Schließlich kam der Befehl zum Einsteigen. Auf meine Bitte hin erlaubte man uns, den Kinderwagen, in dem Katica still und mit offenen Augen lag, in den Waggon zu heben. Ich war so glücklich darüber, daß die Kleine bequem und warm reisen würde, daß ich törichterweise wieder zur Optimistin wurde und unsere Lage gar nicht mehr so tragisch fand.
Alle suchten einen „geschützten" Winkel. Damals waren die Herzen noch nicht so verhärtet; irgend jemand überließ uns wegen des kleinen Kindes seine geschützte Ecke. Die Decken kamen zum Vorschein. Alte, Kinder, Männer und Frauen machten sich provisorisch „Betten" auf dem Fußboden zurecht. Ganz in unserer Nähe waren Elemérs alter Freund Ernö K. und seine schwangere Frau Rózsi. Ernö und Elemér versprachen sich Beistand. Wir konnten uns aufeinander verlassen, und das war viel inmitten der kommenden Unmenschlichkeit. Aber vorerst steckten wir noch im Viehwaggon und fuhren unter militärischer Bewachung einem unbekannten Ziel entgegen. Gespräche kamen in Gang, man machte sich miteinander bekannt, stellte Vermutungen über unser weiteres Schicksal an. Zu dieser Zeit bestanden in Deutschland, Polen, der Ukraine und in vielen anderen Ländern zwar schon Hitlers Vernichtungslager, aber es war noch nicht allgemein bekannt. Dem einen oder anderen war vielleicht schon etwas davon zu Ohren gekommen, aber man hielt solche Nachrichten für unglaubwürdig und wies den Gedanken von sich. Im Gespräch bildete sich die allgemein beruhigende Überzeugung heraus, man werde uns irgend-

wohin zum Arbeiten bringen, dort würden wir es bestimmt nicht einfach haben, aber irgendwie käme man schon über die Runden. Ich wechselte die Windeln, und da das Baby wieder fleißig meine Brust nahm, konnte sich kein Schatten auf meine Zuversicht legen. Ich sah nicht den mit Menschen und ihrem Gepäck vollgestopften Viehwaggon und nicht die trostlos kahle und verregnete Novemberlandschaft, ich sah nur meine ruhig schlafende kleine Kati mit dem von der frischen Luft geröteten Gesicht. Auch wir packten nun Brot und Speck aus und aßen. Danach legte ich meinen Kopf in Elemérs Schoß und ließ mich vom Rhythmus des Zuges in den Schlaf wiegen.
Ich erwachte von einem kräftigen Ruck. Der Zug stand. Unverständliche Schreie, Unruhe. „Was ist los? Wo sind wir?" Wir hielten auf offener Strecke. „Sofort aussteigen! Nicht hier, ihr Pack, auf der anderen Seite!" Tierisches Gebrüll. An unserem Zug führte auf der einen Seite ein ordentlicher Fußweg entlang, auf der anderen ein tiefliegender, mit Schlamm gefüllter Graben. Die Wagentüren zum Weg wurden verschlossen, und wir mußten aus der beträchtlichen Wagenhöhe hinunter in den Schlamm springen. „Aber das ist doch unmöglich!" protestierten wir. „Unmöglich? Wir zeigen's euch!" Und schon schlugen sie mit den langen, harten Peitschen und den Gewehrkolben zu. Schnell, schneller! Zum Überlegen blieb keine Zeit. Die Männer sprangen ab, die Frauen warfen das Gepäck hinterher, halfen den Kindern und den Alten hinunter.
Zwei Männer reichten Katicas Wagen hinunter und ließen ihn in Elemérs Hände gleiten, dann halfen sie auch der dickbäuchigen Rózsi und mir. Allgemeines Durcheinander, Weinen, Kreischen. Bis zu den Knien im Schlamm, suchten wir unsere Angehörigen und unsere Siebensachen. „Abmarsch! Sofort!" Hinter dem verschlammten Graben trieben berittene Soldaten mit Peitschen die Menschen weiter.
Wir handelten blitzschnell. Elemér trug wieder den Rucksack, die beiden Enden des Federbetts schleiften im Dreck. Schnell übernahm er auch noch meinen Rucksack, noch schneller zog er die Tragegurte aus der Seitentasche und hängte sie mir um, und bevor uns die Peitschenhiebe erreichten, hatte ich die schlafende Katica aus dem Wagen genommen und in die Gurthalterung gesetzt.
Ein Soldat stand schon neben uns, als Elemér im letzten Moment die kleine Matratze, die Gummiunterlage und das als Bettdecke die-

nende Kissen aus dem Kinderwagen nahm. Wir hatten gar keine Zeit, überrascht zu sein, als uns der Soldat behilflich war, die beiden Koffer aus dem Schlamm zu heben. Jetzt hielt Elmér, von den Rucksäcken und den beiden Koffern abgesehen, auch noch das Kissen unter dem Arm. Ich flehte ihn an, das Federbett und die zwei Koffer wegzuwerfen, aber er weigerte sich. Der gutmütige Soldat begleitete uns noch einige Schritte, bis ich herausgefunden hatte, wie ich mein Baby am sichersten tragen konnte. Wegen der Gurte hatte ich eine Hand frei, deshalb nahm ich Elemér das Kissen ab, während er die beiden Koffer in der einen Hand trug und mit dem anderen Arm mich stützte. Ähnlich erging es Ernö und seiner Frau, aber mit dem Unterschied, daß Rózsi wegen der Schwangerschaft nur einen Rucksack trug. Der Marsch war erschöpfend. Wir konnten kaum gehen. Es hatte tagelang geregnet, der Boden war aufgeweicht, den Graben füllte klebriger, kniehoher Schlamm. Auf dem Weg sah es nicht viel anders aus. Jeder Schritt mußte bedacht werden, verlangte Kraft und Geschick. Wir konnten die Beine kaum heben, in dem Morast klebten unsere Füße fest. Vor Anstrengung rann uns der Schweiß in Strömen. Wir mußten vor allem aufpassen, daß wir nicht in der unbeschreiblichen Panik einander verloren. Wer stürzte oder wem die Beine versagten, dem durfte nicht geholfen werden. Alte fielen hin, Kranke, Kinder. Sobald ein Angehöriger helfend die Hand nach ihnen ausstreckte, wurde geschossen. Eltern riefen nach ihren Kindern, Kinder nach ihren Eltern. Heilloses Geschrei und Weinen. Vor uns hielt ein Mann ein Wickelkind in die Höhe: Wer hat es verloren? Niemand meldete sich. Je weiter wir durch den dunklen Schlamm wateten, um so mehr Menschen stürzten. Fallengelassenes Gepäck säumte den Weg. Nur der nackte Instinkt, das Leben zu retten, trieb die Menge voran.

Die kleine Katica vor meiner Brust muckte nicht, obwohl sie nicht mehr schlief. Wenn ich sie ansah, bemerkte ich, daß sie den Blick ernst und andauernd auf mich gerichtet hielt. Als wüßte sie, was geschah, und als wollte sie es uns mit Weinen nicht noch schwerer machen. Ich weiß nicht, wie oft ich Elemér bat, wir sollten alles wegwerfen, zurücklassen, und nur die Sachen unserer Tochter behalten. Aber nein und nochmals nein. Er entwickelte übermenschliche Kräfte. Mit der freien Hand stützte er nicht nur mich, sondern hob auch auf schweren Wegstrecken, um das Gewicht zu verringern, noch meinen Rucksack an. Ich weiß nicht, wie viele Stunden wir so gingen. Nur nicht nachdenken, nichts fühlen! Auf die Füße achten! Ein Soldat mit einer Peitsche spricht mich an: „Was haben sie sich zuschulden kommen lassen, wie sind sie in diese Situation geraten?" Ich nutze die günstige Gelegenheit, um eine Minute stehen zu bleiben. Bitter fährt der Soldat fort: „Ich würde ihnen gern helfen, aber dann werde ich genauso bestraft wie sie. Hol der Teufel die Schurken, die so gemein mit Menschen umspringen!" Ich konnte ihm nur mit einem Blick danken. Sein einfaches, gebräuntes Bauerngesicht und seine empörten schwarzen Augen sehe ich heute noch vor mir.

Viele aber hatten Spaß an unserem traurigen Zug. Aus den umliegenden Dörfern rotteten sich Bauern zusammen, die uns folgten und auflasen, was wir aufgaben. Manche begleiteten uns mit Pferdewagen, wenn der Weg es zuließ, und warfen die Gegenstände hinauf. Andere entrissen uns gierig Wintermäntel, Mützen, Schals, Rucksäcke und Taschen. Eine so reiche Ernte hatten sie wohl selten gehabt. Eine Gruppe mit fröhlicher Musik blieb uns lange Zeit auf den Fersen. Sie amüsierten sich, während sie unsere Habseligkeiten aufsammelten.

Der Abend dämmerte, als der Graben allmählich breiter und der Schlamm weniger wurde. Wir atmeten auf, nun reichte er nur noch bis an die Knöchel. Mehrere hundert von uns waren unterwegs gestürzt und zurückgeblieben, wir wagten nicht, an sie zu denken. Es war fast dunkel, als wir den Dnjestr erreichten. Wir wurden zur Ruine einer ausgebrannten Synagoge getrieben, wo man uns sagte, am Morgen werde es weitergehen. So schnell wie möglich machten wir uns einen Schlafplatz zurecht. Die meisten hatten ihr Gepäck im Schlamm zurückgelassen und besaßen nichts mehr außer dem, was sie am Leib trugen. Andere hatten wenigstens eine Tasche oder einen Rucksack retten können. Nur die ganz Kräftigen, die Jungen und Mutigen, hatten den Schlamm besiegt und außer ihrem Leben auch noch „Besitztümer" behalten.

Es war kalt und dunkel. Wir tappten umher, um den günstigsten Platz zum Übernachten zu finden. Aber wie schlafen in diesem Dreck? Wo sollte ich das Kind hinlegen? Bitterkeit brach aus mir hervor, aber die Vernunft drängte sie schnell zurück. Inzwischen hatten Elemér und Ernö einen Flecken Boden gesäubert und „wohnlich" gemacht. Ich wickelte Katica und stillte sie. Wir hatten

nicht mehr die Kraft, etwas zu essen. Ich legte Katica auf die kleine Matratze – oh, wie ich mich über die Matratze freute! – und deckte sie mit dem Kissen zu. Wir selber konnten uns nicht zudecken, Das Federbett war durch und durch nass und verdreckt. Ernö und Rózsi hatten eine Stepp- und eine gewöhnliche Decke. Wir legten uns zu viert auf die Decke, aber die Zudecke reichte nur für zwei. Ernö wollte zu meinen Gunsten verzichten, aber ich nahm sein Angebot nicht an. Ich legte mich mit Elemér nieder, schmutzig bis zum Hals, ohne Bettdecke. Wir umarmten uns eng. Der sternenlose Himmel kündigte Regen an. Wir schwiegen. Die Illusionen, die ich noch im Zug gehabt hatte, waren fort. Wir mußten uns auf das Schlimmste einstellen. Aber erst einmal sanken wir in einen tiefen Schlaf des Vergessens, als wollten wir nie mehr aufwachen. Unser letzter Gedanke war: Gott, laß es nicht regnen!
Alle waren schon auf den Beinen, als es hell wurde. Als erstes kratzten wir die dicke Morastschicht von uns und den Sachen. Danach fühlten wir uns ein wenig sauberer und ausgeschlafen. Wir empfanden uns fast wieder wie Menschen. Jetzt war das Kind an der Reihe. Es trank brav und hatte gute Laune. Danach machten wir uns ein gutes Frühstück aus Brot und Speck, und Ernö hatte sogar ein paar Zwiebeln in seiner Schultertasche. Er hatte auch noch warmen Tee in der Thermosflasche, aber den überließen wir einstimmig Rózsi. Das Ufer des Dnjestr war nah, wir nutzten die Gelegenheit zum Windelwaschen. Ich hätte nicht gedacht, wie viel besser ich mich danach fühlte. Alle überlegten, was von ihrem Gepäck, soweit sie noch etwas hatten, weiter mitgenommen werden sollte. Nur das ganz Unentbehrliche, also Lebensmittel! Zwei sympathische unverheiratete und nicht mehr junge Schwestern boten uns ihr silbernes Eßbesteck für zwölf Personen an. Sie hatten es mitgenommen in der Hoffnung, es günstig verkaufen oder eintauschen zu können. Wir lehnten natürlich ab. Nun baten sie uns, wenigstens einen Kaffeelöffel und eine Kuchengabel anzunehmen, als Erinnerung, für das Kind. Damit waren wir einverstanden. Alles sonst ließen sie zurück. Was nicht dem Erhalt der bloßen körperlichen Existenz diente, war wertlos geworden. Bettbezüge aus schneeweißem Damast, Tischtücher, Kleidungsstücke, alles blieb liegen. Wert besaßen Eßbares, warme Sachen, Decken. Das behielt jeder in seinen immer leerer werdenden Beuteln. Auch ich versuchte noch einmal, Elemér zum Aussortieren zu überreden, denn unser Leben

war ja wichtiger als die Gegenstände, doch es gelang mir nicht, er blieb dabei, wenn man uns nichts wegnähme, würden sie Leben und Brot bedeuten. Ernö und Rózsi machten es ähnlich.
Der Morgen war trüb und grau. Unsere Antreiber hatten noch keine Anweisungen gegeben. Wir saßen auf unseren Sachen und warteten. Auf einmal drängte sich eine Frau mit einem Säugling auf dem Arm durch die Menge zu uns. Verzweifelt rief sie, sie habe gehört, ich hätte Milch, ich solle ihr Kind stillen, sonst würde es sterben. Es war ein häßlicher Säugling mit großem Mund und großem Kopf. Ich überwand meinen Widerwillen und nahm ihn, aber er machte sich so gewaltsam über meine Brust her, daß es schmerzte. Die Mutter sah mit irrem Blick zu. O mein Gott, was sollte aus Katica werden, wenn ich keine Milch mehr hätte?
Als es hell war, trieben uns die Bewacher dicht ans Ufer des Dnjestr. Ein frostiger Wind wehte. Es hieß, wir sollten auf Flößen über den Fluß gebracht werden. Das breit dahinfließende, grau-gelbe Wasser ließ dunkle Gedanken aufkommen.
Wir warteten gruppenweise auf unser weiteres Schicksal, die Soldaten nutzten die Zeit, um uns auszurauben. Einer verlangte Elemérs Wollhandschuhe. Zu meinem Entsetzen erwiderte Elemér ihm, er würde ihm so die Visage einschlagen, daß ihm die Lust auf Handschuhe ein für allemal verginge. Der Soldat wich erschrocken zurück. Anscheinend sind Leichenfledderer leicht zu erschrecken, auch wenn sie Waffen tragen. Einen anderen beobachtete ich, wie er Eheringe abzog. Vielen nahmen sie Armbanduhren weg, den Frauen Ohrringe. Ein Soldat griff in Rózsis Rucksack, zog ein Fieberthermometer heraus und steckte es ein. Rózsi begann zu weinen. Ich schnauzte sie an: „Hör auf zu flennen, als ob das Thermometer wichtig wäre!" Aber ich hätte verständnisvoller sein müssen. Erst am Morgen hatte ich unter den Leuten, die sich Brauchbares aus den weggeworfenen Dingen heraussuchten, eine Frau um die Fünfzig mit ihrem Mann wegen eines Handfegers streiten sehen, eine andere, jüngere verteidigte mit unglaublicher Heftigkeit ihr Bügeleisen. Und was war mit mir? Auch ich hatte in der letzten Minute vor dem Aufbruch zwei Skizzenhefte, eine Schachtel Buntstifte und meinen leuchtenden Kattunbadeanzug zu den lebenswichtigen Dingen geschmuggelt, als wollten wir in die Ferien fahren. Ich bereute mein Aufbrausen und bat den Soldaten, das Thermometer zurückzugeben. Er sah mich an und fragte: „Warum sind Sie denn

hier?" – „Aus dem gleichen Grund wie die andern", antwortete ich. „Aber Sie sind doch keine Jüdin!" – „Dann wäre ich nicht hier." – „Man sieht Ihnen doch an, daß Sie gut sind!" – „Wenn ich gut bin, dann seien Sie auch gut und geben Sie das Thermometer zurück", sagte ich. Er gab es mir, ich reichte es Rózsi. „Na bitte, Sie sind gut", sagte der Soldat überlegen. Nachdem wir uns auf diese Weise „angefreundet" hatten, erfuhren wir von ihm, daß das Dorf am Dnjestr, wo wir die Nacht verbracht hatten, Ataki hieß und genau gegenüber von Mogiljow Podolskij lag, der ukrainischen Stadt, wo wir jetzt per Floß hingebracht werden sollten. Was uns dort erwartete, wußte er nicht, oder er wollte es uns nicht sagen.

Das Warten auf die Überfahrt dauerte lange. Wir wollten sie schnell hinter uns bringen. Endlich kamen wir an die Reihe. Ich zitterte vor Sorge, denn Elemér fand nur am Rand des überfüllten Floßes Platz. Aneinandergeklammert standen wir auf dem aus rohen Baumstämmen gezimmerten Floß. Das Steuern übernahmen Soldaten. Mit angehaltenem Atem beobachteten wir die schmutzigen Wellen in der kräftigen Strömung. Es wurde Mittag, bis wir drüben ans Ufer stießen. Erleichtert und fast heiter ließen wir uns auf unseren Koffern nieder. Die kleine Kati bekam eine frische Windel und wurde gestillt. Die Überfahrt hatte sie verschlafen, nun, satt und sauber, war sie bei bester Laune. Wenn ich zu ihr sprach, lachte sie. Nach der Anspannung während der Floßfahrt waren die Leute jetzt milder gestimmt, freundlicher auch zu den Kindern. Katica wurde bewundert, wie hübsch und brav sie sei. Auch ich sah mich um und entdeckte ein schönes, gut entwickeltes kleines Mädchen, etwa vier Monate alt, das von seiner Mutter mit einem in Wasser getunkten Keks gefüttert wurde. „Mein Kind ist noch nicht so weit", sagte ich zu ihr, um ein Gespräch anzuknüpfen. Aber ich war Luft für die Frau, sie würdigte mich keiner Antwort. Beschämt kehrte ich an meinen Platz zurück. Monate später begegnete ich ihr wieder. Da war sie gar nicht mehr hochmütig. Das wunderschöne Mädchen war zum Skelett abgemagert, nur in den unbeschreiblich schönen, großen schwarzen Augen war noch, auch wenn sie bekümmert schauten, Leben. Das Kind bewegte sich nicht mehr, brachte keinen Ton mehr heraus. Es dauerte nicht mehr lange, da war es verhungert.

Die Überfahrten setzten sich auch am Nachmittag fort. Einige, die es hinter sich hatten, rätselten und schöpften neue Hoffnung. Die,

die ihre Angehörigen unterwegs verloren hatten, starrten mit leerem Blick vor sich hin. Es hatte keinen Sinn, sie zu trösten. Es war fast dunkel, als die letzten auf der Mogiljower Seite eintrafen. Es regnete in Strömen. Im Eiltempo wurden wir durch die Ruinenstadt gejagt. Später hörten wir, daß es hier noch vor kurzem schwere Bombenangriffe und Kämpfe gegeben hatte, außerdem hatte auch noch ein Hochwasser gewütet.
Wir wurden in ein Gebäude von der Größe einer Kaserne getrieben. Später erfuhren wir, es sei das Sammellager zur zeitweiligen Unterbringung der Deportierten vom anderen Ufer des Dnjestr. Das Gebäude war halb zerstört, ohne Türen und Fenster, die Mauern an vielen Stellen eingestürzt, das Dach von Löchern durchsiebt. Noch schlimmer war der Dreck, der den Fußboden bedeckte. Als wir ankamen, stand das Gebäude leer. Die vor uns hier untergebracht waren, hatte man vor kurzem Richtung Bug weitergetrieben. Doch das wußten wir bei unserer Ankunft alles noch nicht. Vorerst waren wir froh, für die Nacht ein Dach überm Kopf zu haben.
Natürlich gab es Streit um die guten Schlafplätze. Wir hatten alle unsere neuen Bekannten aus den Augen verloren, aber wir fünf Rózsi, Ernö, Elemér, unsere Katica und ich waren wenigstens zusammen. Wir besetzten die Ecke eines Zimmers und richteten uns ein. Nach der gewohnten Fürsorge für Katica legten wir sie auf die kleine Matratze und deckten sie zu. Unsere Verpflegungstasche hatte an Gewicht verloren, bot aber noch genügend, um satt zu werden, und wir schätzten, wenn wir gut einteilten, würden wir weitere zwei, drei Tage von dem Inhalt zehren können. Durch die Löcher und Luken des Gebäudes blies der kalte Novemberwind. Einige kramten bei Kerzenlicht in ihren Sachen und bereiteten sich auf die Nacht vor. Das Kerzenlicht verstärkte die ohnehin schon gespenstische Stimmung. Wir waren restlos erschöpft und schliefen im Nu ein. Wir fanden nicht einmal Zeit, einander zu fragen: Was wird morgen?
Es war noch dunkel, als uns schreiend und mit den Peitschen fuchtelnd Soldaten aus dem tiefen Schlaf rissen: „Schnellstens fertigmachen, auf dem Hof sammeln, es geht weiter." Hastig wurde gepackt. Die Kinder weinten, aber niemand hatte Zeit für sie. Soldaten liefen einer nach dem andern von Raum zu Raum und von Stockwerk zu Stockwerk. Sie trieben die Leute an. Rózsi, Ernö und ich suchten hastig unsere Siebensachen zusammen, aber Elemér

weigerte sich. Zu meinem Entsetzen sagte er energisch, er gehe jetzt keinen Schritt weiter. Und mit diesen Worten legte er sich auf den Boden. Erschrocken bettelten wir, er solle von seiner Verrücktheit ablassen. „Geht ihr nur", erwiderte er, „wenn ihr wollt, ich nicht, ich weiß, was uns auf dem Weg erwartet, da sollen sie mich lieber hier umbringen." Was er machte, war absurd, aber ohne ihn würde ich keinen Schritt tun – nicht allein. Ernö und Rózsi sahen sich ratlos an. Was nun? Elemér hatte wahrscheinlich recht, aber hierbleiben? Unmöglich. Die Räume leerten sich zusehends, die Menge auf dem Hof wuchs. Ab und zu blickte noch ein Uniformierter herein und mahnte brüllend zur Eile. Ernö und Rózsi mußten sich schnellstens entscheiden: fort in den fast sicheren Tod oder mit uns jetzt und hier das Leben riskieren. Sie entschlossen sich, auch zu bleiben. Nur wir fünf hielten uns noch in dem Raum auf.

Ein Wachhabender kam zur letzten Kontrolle und fand uns so: Elemér liegend, neben ihm, auf der Matratze, unsere Tocher, ein Stückchen entfernt lag Rózsi, neben ihr kniete Ernö. Nur ich stand, auf alles gefaßt. Der eintretende Soldat drosch mit einem Stock brüllend auf Ernö ein, der Rózsis Körper schützte. Nach einigen Schlägen wandte er sich mit dem Gummiknüppel Elemér zu, aber zuschlagen konnte er nicht, ich lief zu ihm, stürzte mich auf ihn. Verblüfft ließ er den Arm sinken. Da begann ich zu betteln, er solle uns hier lassen, mein Mann sei krank, mein Kind sei krank, meine Schwester – und ich zeigte auf Rózsi – sei in anderen Umständen, ihr gehe es schlecht, wir seien alle nicht gut zu Fuß, er solle ein Herz haben und uns zurücklassen. „Warum soll ich ein Herz haben?" fragte er. Ich antwortete: „Hier sieht uns niemand, wir rühren uns nicht, lassen Sie uns, ich bitte Sie, einfach hier." Er musterte mich ein wenig verlegen, auch fehlte ihm die Zeit, nachzudenken. Als er mir ungeschickt das Gesicht streichelte, war ich mir sicher: Er jagt uns nicht weg. Milder gestimmt, sagte er: „Bleibt also hier, aber merken Sie sich – es ist nur Ihnen zuliebe!" Im Gehen drehte er sich noch einmal um: „Paßt auf, gegen Abend kommt ein neuer Transport, und mit dem müßt morgen früh auch ihr verschwinden, ewig könnt ihr nicht bleiben." Mit diesen Worten verschwand er.

Wir waren erleichtert. Wir wußten nicht, was auf uns wartete, aber mit Sicherheit hatten wir einen Tag gewonnen. Ich warf vorsichtig

einen Blick auf den Hof hinaus, die anderen setzten sich gerade in Bewegung. Berittene Soldaten trieben sie an, bergauf. Sie mußten sehr schnell gehen. Ich sah dem Zug nach, bis er verschwand. Wie ich später erfuhr, wurden sie in deutsche Lager jenseits des Flusses Bug gebracht. Ein Großteil überlebte schon nicht den Marsch. Zurück kam fast keiner.
Es war eine merkwürdige Situation. Nirgends eine Menschenseele, nur wir fünf „Illegalen", versteckt in einem Raum im Obergeschoß. Im Erdgeschoß waren Posten untergebracht, aber wir konnten sie nicht sehen, und sie wußten nichts von uns. Was sollten wir tun? Erstmal breiteten wir unsere durchnäßten Sachen zum Trocknen aus. Wir hätten uns gern gewaschen, aber es gab kein Wasser. Das restliche Trinkwasser durften wir nicht verschwenden.
Katica konnte sich in dem engen Steckkissen nicht rühren, sie war nicht gewaschen, war wund. Wie sie ohne Wasser säubern? Ich löste die Windel und deckte Katica zu, jetzt hatte sie wieder Platz, sich zu bewegen. Beim Windelwechseln kam mir eine Idee: Zu Hause hatte ich der Kleinen nach dem Baden Ohren und Nase mit einem in Paraffinöl getunkten Wattebausch gereinigt. Die Flasche mit dem Öl, immerhin noch ein halber Liter, steckte in meinem Rucksack. Großartig! Ich ölte Katicas Unterleib schnell und gründlich und wischte ihn dann mit einer sauberen Windel ab. Zum Glück hatte ich dreißig Windeln mitgenommen. Ich ließ Katica noch eine Weile zappeln, solange es ihr Spaß machte, aber sie fing bald an zu frieren, deshalb wickelte ich sie lieber wieder ein. Offenkundig fühlte sie sich nach dem „Baden" wohl. Ich war zufrieden, daß ich auf die Sache mit dem Paraffinöl gekommen war, und freute mich jetzt über Katicas rundes kleines Gesicht, das wieder vom Trinken gerötet war. Ich wollte nicht groß nachdenken, aber ich war auch nicht verzweifelt, was in einer Stunde oder am nächsten Tag mit uns passieren würde. Die Fürsorge für das Kind füllte mich vollkommen aus. Es genügte mir, daß es ihm gut ging, daß es nicht hungerte und fror und daß ich mit Elemér zusammen war. Ich hatte das vage Gefühl, die Not würde vorübergehen, Hauptsache, wir blieben zusammen. Nichts anderes wollte ich zur Kenntnis nehmen. Damals war es gut so.
Am Morgen begann der Streit um das Essen, der uns von nun an immer begleitete. Die beiden Männer wollten nicht essen, aber von uns zwei Frauen verlangten sie es. Von Rózsi, weil sie schwanger

war, von mir, weil ich stillte. „Aber ihr müßt schwer tragen", wandte ich ein. Wir konnten uns nicht einigen, zerstritten uns fast. Wir hatten noch Käse, Speck, Würfelzucker und Kekse, aber kaum noch Brot. Rózsi war im fünften Monat und hatte schon einen kräftigen Bauch. Sie hatte ständig Hunger, ich ständig Durst. Ich war disziplinierter, begnügte mich mit wenig Wasser, aber Rózsi litt, sie weinte, die Galle schmerzte, ihr fehlte das warme Essen. Ernö war aufmerksam, sanft und geduldig. Er aß fast nichts, damit Rózsi mehr hatte. Elemér und ich jedoch, wir trugen schwere Schlachten um das Essen aus.

In den Wochen vor unserer Ankunft in Mogiljow hatte man auf deutsche Anweisung zehntausend Juden in die Ukraine deportiert. Die ganze Bukowina und Nordmoldawien waren „entjudet" worden. Neben Juden wurden aus allen Teilen des Landes auch Kommunisten in die ukrainischen Lager gebracht. Zu ihnen gehörten Wopnjarka und Rabnitza. Wenn die Transporte in Ataki ankamen, spielte es im allgemeinen keine Rolle mehr, wer woher kam und warum. Alle waren gleich, gesetzlos deportiert, ohne Akte und Namen.

An diesem Tag herrschte in dem leeren Lager Stille, nur der Wind pfiff. Überall war es unvorstellbar schmutzig. Jeder Transport ließ seinen Unrat zurück, neben den Abfällen überall auch Exkremente. Es gab gar keine andere Möglichkeit, als seine Notdürfte irgendwo direkt in dem Raum zu verrichten – auch nicht für uns. Wir verbrachten die Stunden in völliger Ratlosigkeit. Fliehen war zu riskant: Wir hatten keine Ahnung, wie es draußen aussah, und wären bei der ersten Bewegung geschnappt worden. Gegen Abend begannen wir auf den nächsten Transport zu warten. Die Nacht verging, und er kam nicht. So begann unser zweiter Morgen an diesem Ort. Wir rührten uns nicht vom Fleck, unternahmen nichts. Wieder war ein Tag gewonnen, aber was anfangen mit diesem Gewinn? Die beiden Männer überlegten, ob nicht einer von ihnen hinausschleichen und sich umschauen sollte. Wir beiden Frauen protestierten. Wenn das Hinausschleichen gelänge – was nicht wahrscheinlich war –, wie dann wieder reinkommen? Vom Fenster aus konnten wir die ständig bewaffneten Patrouillen sehen, auch am Tor standen Posten.

Das Brot ging zu Ende, auch Wasser war kaum mehr vorhanden, aber das war nicht das Schlimmste. „Was wird, wenn am Abend der Transport kommt und wir morgen früh mit fortgetrieben werden?

Noch einmal wird es uns nicht gelingen, hierzubleiben. Hierbleiben können wir aber sowieso nicht ewig." Die Zeit wollte nicht vergehen. Wir wurden immer verzweifelter. Rózsi ging es nicht gut, Gallenkoliken quälten sie, sie hätte etwas Warmes zu trinken gebraucht. Ernö litt noch mehr als sie, weil er ihr nicht helfen konnte. Ich nahm mir ihre Sachen vor und versuchte, mittels der nun leeren Seitentaschen das Gewicht vernünftig zu verteilen. Katica ging es gut, sie weinte nicht, sie schlief fast immer. Milch hatte ich reichlich, wenigstens damit brauchten wir nicht zu geizen. Elemér säuberte unsere Gepäckstücke und Kleider, er meinte, so sei es immer noch besser, als wenn wir mitgegangen wären, zwei Tage Rast, wir sollten nicht den Mut verlieren, bis zum nächsten Morgen könne noch viel geschehen. Ich dachte bei mir, solange ich mit ihm und Katica zusammen bin, ist mir alles recht.
Gegen Abend kamen mehrere tausend Deportierte an. Alles verlief wie vor zwei Tagen. Kerzen wurden angezündet, um die besten Schlafplätze wurde gestritten. Sie rumorten bis in die Nacht, sortierten ihre verbliebenen Sachen, kamen und gingen, suchten nach Verwandten und Bekannten. Wir verteidigten unsere Ecke gegen gewalttätige Eindringlinge. Diese Ecke, die wir in zwei Tagen unter Mühen saubergemacht hatten, war schon bald wieder verdreckt. Rózsi lag wie ein bleicher Schatten da, ihre großen schwarzen Augen flackerten. Ernö saß gebeugt neben ihr, streichelte ihre an abgerissene Blumen erinnernden, auf dem gewölbten Bauch ruhenden, schmalen kleinen Hände. Ich war nicht müde, mochte mich nicht hinlegen. Deshalb ging ich im spärlichen Licht der Kerzen von Raum zu Raum und von Stockwerk zu Stockwerk, durch das überfüllte Gebäude und konnte die Frau nicht vergessen, die in Ataki ihren Handfeger auf keinen Fall hatte hergeben wollen. Vielleicht hatte irgend jemand einen Handfeger bei sich, den würde ich mir jetzt borgen. Ich suchte, als hinge unser Leben davon ab. Aber ich fand keinen. Enttäuscht, den Tränen nah, ging ich zurück. Der alles bedeckende Abfall ärgerte mich. Elemér, der auch nicht schlafen konnte, bot an, seinerseits auf die Suche zu gehen, vielleicht hätte er mehr Glück. Die fixe Idee mit dem Handfeger rettete uns.
Denn unterwegs kam Elemér an einer Gruppe vorbei, die sich im Dunkeln unterhielt. Eine Stimme erkannte er. Er ging zu den Leuten hin und fand unter ihnen seinen Freund Iancu A. Sie unterhiel-

ten sich flüsternd, Elemér erfuhr, daß Iancu und seine Frau bei einer ukrainischen Familie in der Stadt wohnten und Bekanntschaft mit einem Wachsoldaten am Tor geschlossen hatten, der für eine bestimmte Summe zu einem bestimmten Zeitpunkt in der Nacht heimlich eine kleine Gruppe Deportierter hinauslassen würde. Es war eine riskante Sache, mit der der Soldat aber viel Geld machte. Zwanzig bis dreißig Leute aus jedem Transport entgingen so der weiteren Verschleppung. „Heute nacht", sagte Iancu, „bringe ich ihm zwanzig Leute mit Geld, und er läßt sie hinaus." Wir besaßen nicht soviel Geld, wie der Mann verlangte, aber Iancu sagte, den Rest lege er drauf.

Elemér kehrte also nicht mit einem Besen, aber mit der Leben verheißenden Botschaft zurück, daß wir noch in der Nacht aus dem Lager verschwinden würden. Doch wohin? Das wüßten wir nicht, Hauptsache, wir waren draußen.

Die Nacht war stockfinster. Unauffällig traf sich die kleine Gruppe im Erdgeschoss. Nichts war daran verdächtig, denn im Lager ging es zu wie in einem Bienenkorb. Fünf Minuten nach Mitternacht schlichen wir unter Iancus Führung hinaus. Die Dunkelheit war ein guter Schutz. Der Wachposten zählte uns, schmuggelte uns aus dem Lager und nahm von Iancu das Geld entgegen.

Wir tappten durch die Finsternis, ohne zu wissen, wohin wir unsere Schritte setzten. Katica an meiner Brust war still. Ich wußte, daß sie nicht schlief. Schneeregen fiel, zudem war es eine stürmische Nacht. Wir stolperten über Erdbuckel und durch Pfützen. Irgendwann erreichten wir das Haus des Ukrainers, wo wir erwartet wurden und für Geld übernachten durften. Endlich hatten wir wieder ein Dach über dem Kopf. Völlig druchnäßt und erschöpft von den Aufregungen, streckten wir uns auf dem Fußboden aus.

Schon in aller Frühe wurden wir wieder geweckt. Wir sollten das Haus unauffälig, in kleinen Gruppen, verlassen. Iancu sagte, welche Richtung wir einschlagen müßten; in einiger Entfernung befände sich das Getto, dort würde niemand mehr fragen, wer wir seien und woher wir kämen. Alles Weitere sei dann unsere Sache. Auf dem Weg ins Getto sollten wir aber sehr aufpassen, ukrainische Patrouillen seien unterwegs, und wer als flüchtiger Lagerinsasse geschnappt würde, dem gnade Gott! „Wenn ihr eine Patrouille bemerkt", sagte er, „verschwindet sofort in den Ruinen. Und hütet euch auch vor den Zivilisten, sie melden den Patrouillen." Damit war Iancus Mission beendet, die weitere Flucht hing vom Glück und Geschick jedes einzelnen ab.

Mogiljow Podolskij

Wir waren sehr erleichtert über Iancus Versprechen, uns fünf zu seiner außerhalb des Gettos gelegenen Unterkunft zu bringen, wo wir alles Weitere besprechen wollten.
Auf jeden Schritt achteten wir, mit hundert Augen schauten, und mit hundert Ohren lauschten wir und bewegten uns leise vorwärts.
Nirgends ein unversehrtes Haus, keine Spur von Menschen, nur Ruinen, Schlamm und Pfützen. Wenn wir eine Patrouille sahen, verdrückten wir uns zwischen den Trümmern und warteten, bis sie vorüber war. Der Weg war weit, Iancus Wohnung lag am anderen Ende der Stadt. Wie die ganzen Tage zuvor, muckste Katica in ihrem Steckkissen auch jetzt nicht. Sie sah mich still und sehr ernst an, während ich sie von Ruine zu Ruine trug. Unser Gepäck – alle unsere irdischen Güter – hatten wir noch. Sie zu tragen war jetzt leichter, denn Iancu half uns.
Iancus Wohnung bestand nur aus einer Stube, die er mit mehreren Personen teilte. Dort trafen wir auch seine Frau, eine ungarische Christin, die ihn bei der Deportation begleitet hatte, außerdem eine junge Hebamme namens Fanja mit ihren zwei Schwestern und noch ein paar andere Leute, allesamt Deportierte. Mit uns waren es zwölf in dem einen Raum. Aber was machte das schon!
Wir vermaßen den Fußboden und stellten fest, daß wir – dicht nebeneinander – alle liegen konnten. Im Raum befand sich kein Möbelstück. Koffer und Bündel bildeten die einzige „Einrichtung". Die ukrainischen Hauswirte musterten uns unfreundlich, aber angesichts unseres Gepäcks erlaubten sie uns zu bleiben. Geld hatten wir nicht mehr, doch sie wollten ohnehin kein Geld – wenn sie es auch nicht verachteten –, sondern Wäsche. Wir einigten uns schnell: für drei Tage drei Stück Wäsche. Sie bekamen sie gleich. Gierig, betrachteten sie unsere Habseligkeiten, denn sie waren selber arm. Wir merkten es an Haus und Hof, aber vor allem an ihrer Kleidung. Respektvoll betasteten sie unsere verschmutzten, zerknitterten Mäntel.
Wir kannten die örtlichen Verhältnisse noch nicht, wußten nur, daß wir drei Tage einigermaßen in Sicherheit sein würden. Unsere Anspannung ließ nach. Rózsi ließ sich von Fanjas Versprechen beruhi-

gen, sie werde ihr bei der Geburt helfen, obwohl die noch in weiter Ferne lag. Ich selbst träumte, daß wir uns endlich würden waschen können, aber den Wunsch wagte ich noch nicht zu äußern. Für ein Kopftuch bekamen wir von den Ukrainern Brot. Wir machten uns über das Essen her.
Iancu war mit der Lage in Mogiljow vertraut. Wir lauschten gespannt und hoffnungsvoll seinem Bericht. Von ihm erfuhren wir, daß ein Teil der ersten Deportieren in Mogiljow geblieben war. Man hatte ein kleines Gebiet der Stadt zum Getto erklärt, in dem aber auch zahlreiche einheimische Ukrainer lebten. Die konnten, wiewohl unter fremder Besatzung, in ihren Wohnungen bleiben, sie behielten ihre Sachen und ihren Garten, kurz, sie blieben zu Hause. Niemand krümmte ihnen ein Haar, denn sie kollaborierten mit den Faschisten, und ihr Haß auf die Deportierten übertraf noch den der Faschisten selbst.
Mogiljow war eigentlich ein Durchgangssammellager und nicht zum Verbleib bestimmt. Praktisch war es dennoch ein ständiges Lager, also ein Getto, aus dem immer wieder neue Arbeitskräfte abgeholt wurden. Die Männer wurden zu den unterschiedlichsten Arbeiten geholt: zum Wiederaufbau von Gebäuden, zum Militär, zu Landwirtschaftsarbeiten, zum Torfstechen. Das Torfstechen unweit von Mogiljow war gefürchtet, von dort kehrte kaum einer zurück. Die Familien hausten in den leerstehenden, zerschossenen Häusern, sich selbst überlassen, in Hunger und Elend. Sie hatten Nahrung, solange sie den Ukrainern dafür Kleidung geben konnten.
In den Transporten, die vor Ort blieben, gab es auch Privilegierte. Ein Deportierter aus der Bukowina namens Jagendorf, ein hochbegabter Ingenieur mit guten Beziehungen, den auch die Behörden respektierten, bekam den Auftrag, die zerstörte Eisengießerei in der Stadt wiederherzustellen. Die benötigten Arbeitskräfte rekrutierte man unter den Juden. Der Wiederaufbau der Gießerei erschien sowohl den rumänischen Behörden und der Gießereileitung als auch den jüdischen Arbeitern und ihren Familien eine günstige Lösung, da sie den Angehörigen das Bleiben ermöglichte. Die Beschäftigung in der Gießerei war gleichbedeutend mit der Möglichkeit, erst mal am Leben zu bleiben, denn den im Getto Lebenden drohte sonst ständig die Gefahr, weiter verschleppt zu werden.
In der Gießerei unterzukommen war schwierig, da sie relativen Schutz bot. Alle Familien strebten danach, daß wenigstens einer

von ihnen dort arbeitete, damit sie nicht weitergeschickt wurden. Es sicherte ihnen ein gewisses Recht zu bleiben – soweit hier von „Recht" die Rede sein konnte. Niemand hatte einen Namen, eine Akte, der Tod eines Juden interessierte nicht. Inzwischen gab es gesellschaftliche Klassen, je nachdem, wer welche Beziehungen und welches Vermögen (Geld und Besitz) hatte.

Bei den ersten Deportationen war es noch erlaubt gewesen, ein Fuhrwerk voll Sachen mitzunehmen – natürlich nur, wenn man dafür zahlen konnte. Die Leute wurden auch nicht in den Schlamm gedrängt. Sie kamen „reich" in Mogiljow an. Außer Kleidung hatten sie Bettwäsche, Kochtöpfe, Kocher, Waschschüsseln und Eimer. Sie bildeten in Mogiljow die „oberen Zehntausend", sie waren die „Herrschaften". Wer Geld besaß, den hinderte niemand daran, sich im Getto bei Ukrainern einzumieten, so wie es Iancu getan hatte.

Auch Iancus Leute waren bedauernswerte Deportierte, doch mit der breiten Masse verglichen, standen sie ganz weit oben. Sie hatten nämlich eine Anstellung in der Fabrik gefunden. Die meisten Deportierten waren Kaufleute und Intellektuelle und verstanden sich auf kein Handwerk. Die Fabrik aber benötigte Fachleute, ohne Fachleute würde der Wiederaufbau scheitern. Davon hing das Leben mehrerer hundert Menschen ab. In erster Linie wurden Facharbeiter aus Metallberufen gebraucht, die waren aber unter den Juden selten. Man freute sich über jeden brauchbaren Spezialisten.

An dieser Stelle von Iancus Bericht fing unsere Hoffnung Feuer: Elemér ist Metallurg. Er muß in der Fabrik unterkommen!

Am nächsten Morgen ließ ich mit bangem Herzen Elemér zur Eisengießerei gehen. Zum erstenmal seit langer Zeit ging er ohne Gepäck. Er fühlte sich ganz gelöst, ich nicht. Das erste Mal seit man uns verschleppt hatte, blieb ich allein. Noch die kürzest gedachte Trennung konnte sich leicht als endgültig erweisen. Wer auf die Straße ging, konnte nie wissen, wem er begegnete und welche Absichten der andere hegte. Wir standen außerhalb der Gesetze.

Die Stunden des Wartens fielen mir schwer. Ich raffte mich auf und machte mich ans Waschen. Unsere Hauswirtin verlangte ein Paar Strümpfe für eine Schüssel kaltes Wasser, zwei Paar für warmes, und wenn ich ihr einen Pullover gäbe, dann dürfte ich das Baby auch in der warmen Küche baden.

Lieber nicht, ich konnte unsere mühsam geretteten Sachen nicht gleich am Anfang verschleudern.

Fanja, die gut Ukrainisch sprach, organisierte irgendwoher Eimer und Schüssel, und wir holten Wasser aus dem nahen Brunnen. Ich wusch mich von Kopf bis Fuß in dem eiskalten Wasser, putzte mir die Zähne und wechselte die Wäsche. Danach fühlte ich mich wunderbar. Ich hätte mich gern im Spiegel gesehen, aber niemand besaß einen. „Oje", sagte ich, „wie kann man sich ohne Spiegel deportieren lassen!" Uns war zum Lachen zumute. Katica „badete" ich auf die bewährte Weise mit Paraffinöl.
Meine kleine Kati war ein braves Kind. Kein Weinen, kein Quengeln, kein Kranksein! Ich wusch auch die schmutzigen Windeln aus, die sich seit Ataki angesammelt hatten. Ich wusch sie in kaltem Wasser, aber mit Seife. Auch dabei wurde mir leichter zumute. Nur Elemérs Abwesenheit machte mir Sorgen.
Der Nachmittag schleppte sich hin. Was war mit Elemér? Ich dachte nicht mehr an den Zweck seines Weggehens, auch nicht an das erhoffte Resultat, nur daran, daß ich ihn lebendig wiedersehen wollte. Ich wich nicht vom Fenster, ließ den bleigrauen Weg nicht aus den Augen. Hilf mir, Gott, flehte ich.
Es war fast dunkel, als er mit strahlendem Gesicht eintrat. Er kam mit einer guten Nachricht – der besten: Die Fabrik hatte ihn genommen! Wir bedrängten ihn, alles zu erzählen. Nun standen auch wir durch ihn auf der ersehnten Liste: ich, Katica, Rózsi, die er als seine Schwester ausgegeben hatte, und Ernö als Schwager. In der Nähe der Fabrik gebe es drei große Gebäude in ziemlich erträglichem Zustand, dort könnten die Fabrikleute wohnen. Angeblich sollten auch die Angehörigen verpflegt werden. Es war schöner als das schönste Feenmärchen. Wir wollten es mit heißem Tee feiern. Tee und Zucker hatten wir, nur vier Gläser heißes Wasser brauchten wir noch. Unsere Wirtin verlangte ein Paar warme Handschuhe. Wir gaben sie ihr nicht. Kaltes Wasser würde es auch tun. Nur Rózsi gönnten wir ein Glas warmes Wasser, was nicht mehr als einen Seidenschal kostete.
Elemér hatte so lange auf sich waren lassen, weil er auf Wohnungssuche gegangen war. Er hatte die drei Gebäude der Fabrik abgeklappert, aber keinen freien Fleck mehr gefunden. Auch im Getto hatte er nichts ausrichten können. Morgen wollten wir weitersehen. Hier konnten wir jedenfalls unmöglich bleiben, die „Miete" war viel zu hoch.
Am dritten Tag packten wir zusammen und machten uns auf den

Weg zur Fabrik. Wir gehörten schon deshalb zu den Glücklichen, weil wir ein Ziel hatten. Fanja und die anderen blieben unter Iancus Obhut zurück.
Bis zur Fabrik war es vielleicht gar nicht so weit, aber der Weg kam uns endlos vor. Die Straßen waren menschenleer, wir begegneten nur ein paar Ukrainern, deren scheele Blicke uns Angst einflößten. Plötzlich fielen zwei wilde Gestalten Elemér von hinten an, um ihm den Rucksack vom Rücken zu reißen. Elemér nahm es mit ihnen auf, er kämpfte so wild wie sie, bis sie sich aus dem Staub machten. Gesindel! Sie waren zu Hause, frei, im eigenen Haus, niemand tat ihnen etwas, sie hatten zu essen – und trotzdem versuchten sie auf der Straße Deportierte auszuplündern. Doch da waren sie bei Elemér an den Falschen geraten! Aber Rózsi und ich wurden unsere Angst nicht los. In der Nähe sahen wir einen ukrainischen Milizionär. Aus faschistischen Ukrainern des Ortes war nämlich eine Miliz aufgestellt worden, die die „Ordnung" hüten sollte. Ich überlegte dreist, wenn es gelänge, mit so einem Milizionär weiterzugehen, dann würde niemand wissen, wohin er mit uns ging, und niemand würde uns angreifen. Die beiden abgewimmelten Angreifer folgten uns nämlich von weitem, offenbar wollten sie sich mit der Niederlage nicht abfinden und bereiteten eine neue Attacke vor. Wir waren inzwischen mit dem Milizionär auf einer Höhe, und ich handelte: Ich trat neben ihn, schob meinen freien rechten Arm unter seinen und zog den Mann mit uns, während ich in Rumänisch auf ihn einredete. Es war unwichtig, was ich sagte, er verstand sowieso kein Wort. Auch er redete, was wiederum ich nicht verstand, aber ich ließ seinen Arm nicht los. Er lachte, wer weiß worüber, aber er kam mit uns. So legten wir den gefährlichen Weg in Begleitung des Milizionärs zurück.
Noch im Hellen erreichten wir das Fabrikgelände. Es hatte zu schneien begonnen, bald war alles weiß. Vor einem Werksgebäude legten wir das Gepäck ab. Die beiden Männer gingen los, ein Quartier zu suchen, kehrten aber ohne Ergebnis zurück. Wir standen im Schnee vor dem Haus und berieten. Gleich neben dem Eingang befand sich ein Raum mit zwei einigermaßen intakten Wänden und einem Rest Dach über der einen Ecke. Mit viel Optimismus konnte man den Eindruck haben, es würde ein wenig vor dem Schneegestöber schützen. Der ehemalige Fußboden lag voller Trümmer und Dreck. Wir machten uns daran, die Ecke zu säubern, um die Nacht dort zu verbringen.

Es dunkelte bereits, als wir jemandem – einem Arzt, wie ich später erfuhr, der zu den „oberen Zehntausend" gehörte – auffielen; er bot mir an, mich mit dem Kind unter ein ordentliches Dach zu bringen. Wir gingen in einen völlig überfüllten Raum: ein einziger Tisch, darauf Gepäck, darunter und drum herum überall Menschen auf dem Fußboden liegend. Ich drängte mich zum Tisch durch, legte Katica auf die Gepäckstücke und sah mich um, wo ich mich hinsetzen könnte. Aber ich sah keine Handbreit Platz, gerade daß dort niemand lag, wo meine beiden Füße standen. Menschen, die seit Wochen die Kleidung nicht mehr abgelegt hatten, erschöpft, ausgehungert, verschmutzt, zusammengedrängt – so lagen sie nebeneinander. Was sollte ich tun? Es stank gräßlich. Zehn Minuten mochten vergangen sein, als ich mich entschied. Vorsichtig ging ich zwischen den Leuten und den schäbigen Bündeln wieder hinaus. Manche fragten mich verwundert, warum und wohin ich ginge. Draußen atmete ich die reine Luft tief ein. Unsere Zimmerecke war inzwischen weiß von Schnee. Elemér, Rózsi und Ernö waren erschrocken, als sie mich sahen. „Wie wirst du mit dem Kind die Nacht im Freien überstehen?" überlegten sie. „Genauso wie ihr", antwortete ich. Während Elemér unseren Ruheplatz vorbereitete, kam eine ungewöhnlich hübsche, blonde junge Ukrainerin vorbei. Sie fragte mich etwas, dann ergriff sie meinen Arm und gab mir zu verstehen, ich solle mitkommen, sie wohne in der Nähe.
Ihr Güte rührte mich. Nach all meinen Erfahrungen seit der Deportation hatte ich mit einer solchen Geste nicht gerechnet. Sie führte mich und Katica in die Küche, wo es wohlig warm war und die Petroleumlampe brannte. Im Hellen war die Frau noch schöner. In der Küche saßen auch ihre Schwester, eine große, knochige Blondine, und ihre etwa neunjährige, dünne Tochter. Auf dem Tisch lag Verschiedenes zu essen, aber sie boten mir nichts an. Sie deuteten auf eine Art Stuhl, darauf sollte ich mein Baby legen. Mir zeigten sie zum Schlafen eine schmale hölzerne Bank. Ich war überglücklich. Ich bin hier in einem Märchenschloß, und die schöne Ukrainerin ist eine verkleidete Prinzessin, redete ich mir ein. Die Prinzessin deutete auf einen Waschtopf und dann auf Kati und machte mir klar, daß ich am Morgen mein Kind baden dürfe. Sie gingen zum Schlafen in die Stube neben der Küche, ich deckte mich mit meinem Mantel zu und schlief dankbar ein.
Aber der schöne Badeplan platzte wie eine Seifenblase. Entgegen

ihrer Gewohnheit begann Katica in der Nacht immer wieder zu weinen. Ich legte sie schnell an die Brust, damit sie verstummte. Aber sie hörte nicht auf. Vergebens stopfte ich ihr die Brust in den Mund, vergebens flüsterte ich: „Hör auf, Katica, bitte, sei still, du bist im Warmen, morgen früh wirst du gebadet, hör also bitte auf zu weinen!" Sie weinte weiter.

Die Prinzessin warf uns einfach raus, als es hell wurde. Immerhin war es nett von ihr, daß sie bis zum Morgen gewartet hatte.

Als ich bei den anderen ankam, waren sie gerade dabei, den Schnee aus den Decken zu schütteln. In dieser Nacht waren alle warmen Sachen und auch das so oft verwünschte Federbett sehr nützlich gewesen. Wir packten eilig zusammen. Elemér ging arbeiten, wir machten, mit wenig Hoffnung, einen neuen Rundgang, um eine Unterkunft zu finden. Aber die Räume waren alle von früheren Transporten belegt. Dicht nebeneinander und übereinander standen Pritschen. Der Platz dazwischen reichte gerade aus um herunterzusteigen. Jede Familie hatte eine Pritsche, einen Eigenbau aus allerlei Brettern und Zaunlatten. Auf den Pritschen wurden auch die Besitztümer verwahrt. Sehnsüchtig musterten wir die unbeschädigten Wände und Decken und die verführerischen Schlafstätten. Aber es gab keinen Platz. Auch die weniger „komfortablen" Räume waren vollgestopft. Jeder erstrebte genügend Fläche, um sich in der Nacht ausstrecken zu können. In allen Gebäuden war es das gleiche. In der ehemaligen Schule wohnten oben die besseren Herrschaften, das Erdgeschoß wurde für betriebliche Zwecke freigehalten. Hier sollten sich einmal das Lebensmittellager, die Küche und die Bäckerei befinden. Wie beruhigend diese Wörter klangen: Küche ..., Bäckerei ...

Aber der Tag vergeht, und wir sind noch immer im Freien. Der Schnee fällt dichter. Unsere Männer überlegen, wie sie den Raum in Ordnung bringen könnten, wo sie die vergangene Nacht zugebracht haben. Es scheint unmöglich: keine Türen, keine Fenster, nur zwei Mauern. Da müßte gebaut werden, und zum Bauen braucht man Geld, Material und Arbeitskräfte. Wir ließen den Plan schnell wieder fallen.

Der Abend nahte. Es mußte dringend eine Lösung gefunden werden. Was blieb uns übrig? Wir entfernten von neuem den Schnee und richteten uns für die Nacht zwischen den beiden Wänden ein. Ich war, kurz bevor es dunkel würde, mit Katica beschäftigt, als

mich wieder jemand, diesmal ein braunhaariger Mann, ansprach und sagte, ich solle das Kind nehmen und mitkommen.
So gelangte ich in einen kleinen Raum direkt neben unserem zerstörten Gemäuer, der Raum war ohne Fenster und besaß eine Tür zum Hausflur. Hier wohnte Herr Gärtner, mein Wohltäter, mit seiner Frau und seiner hübschen, siebzehnjährigen Tochter. Wir waren ihnen willkommen. Eine kleine Kerze gab ein wenig Helligkeit, und es war verhältnismäßig warm, denn die Wände und das Dach waren unbeschädigt. Als wir uns alle auf den Fußboden legten, sah ich, daß mit gutem Willen auch Elemér, Rózsi und Ernö hier unterkommen könnten. Aber ich wollte nicht mit der Tür ins Haus fallen, so sagte ich nur, hier wäre vielleicht auch noch Platz für meine arme schwangere Schwägerin. Die guten Leute waren einverstanden, und ich ging triumphierend Rózsi holen. Dann jammerte ich, daß unsere armen Ehemänner draußen im Schnee liegen müßten, aber wenn wir ein bißchen zusammenrücken würden ... Es endete damit, daß wir alle die Nacht in diesem Raum verbrachten und dicht an dicht nebeneinander lagen. Die gutmütige Familie teilte das Zimmer mit uns. Am Tag darauf merkten wir, daß der kleine Raum auch dunkel blieb, wenn es draußen hell war, nicht einmal durch die geöffnete Tür drang Licht herein. Aber egal, erst einmal war es nur wichtig, daß wir ein Quartier hatten. Doch sofort drängte sich ein neues Problem in den Vordergrund: Was würden wir essen? Wir besaßen nichts mehr außer einem Päckchen Tee. Mit ein paar Kleidungsstücken machte sich Ernö auf den Weg zu den ukrainischen Häusern. Vielleicht ließ sich ein Tauschgeschäft machen. Wir warteten hungrig und ungeduldig. Ernö kam mit einem Kohlkopf, ein paar Kartoffeln und Zwiebeln zurück. Wir aßen sie roh, und teilten die Mahlzeit in Anbetracht unseres dezimierten Kleiderbestandes gut ein.
In diesen Tagen drang eine erschütternde Nachricht zu uns. Einer der nach uns gekommenen Transporte war nicht ans Mogiljower Ufer übergesetzt. Vielmehr waren die Leute auf Befehl der Deutschen in den Dnjestr getrieben worden. Der Fluß ist dort sehr breit und tief, und der November war ungewöhnlich kalt. Mehrere tausend Menschen hatten den Tod gefunden. Hätte man *uns* zwei Tage später abgeholt, hätten wir vielleicht das gleiche Schicksal erfahren. Die Nazihenker ordneten derlei „Attraktionen" einfach so an, zu ihrem puren Vergnügen.

Erster Winter

Unser Besitz nahm rapide ab. Wir bestimmten die Kleidungsstücke, Mützen, Schals usw., von denen wir uns unter keinen Umständen trennen wollten. Hauptsächlich handelte es sich um die warmen Sachen, die wir am Leib trugen. Den Rest teilten wir auf und legten fest, wie viel pro Woche wir „ausgeben" konnten. Die wichtigeren Dinge bezeichneten wir als „schweres Geschütz", von ihnen wollten wir uns nur im äußersten Notfall trennen. Ein solcher Notfall trat schon bald ein.
Als wir eines Tages ganz ohne Nahrungsmittel dastanden, kam ein Mann namens Zoli zu uns, ein alter Freund von Ernö, der eine ukrainische Familie kannte, bei der man für ein „gutes Stück" einen Sack voll Essen bekäme. Er bot an, zu diesen zu gehen, aber allein, um mit ihnen zu sprechen. Für sich selbst erbat er lediglich ein paar Kartoffeln von der „Beute", die er uns bringen würde. Wir suchten ein „schweres Geschütz" aus, die Wahl fiel auf mein Frühjahrskostüm. „Wird ihnen das recht sein?" fragten wir Zoli. „Bestimmt!" antwortete er, und schon ging er los. Wir riefen ihm noch hinterher, er solle sich auch Brot und eine Kerze geben lassen.
Zoli zeigte sich weder an diesem noch am folgenden Tag. Als wir ihn endlich fanden, behauptete er, das Kostüm sei ihm bei einem Überfall geraubt worden. Was er erzählte, klang wirr, und unser Verdacht wurde zur Gewißheit, als wir von seinen Nachbarn erfuhren, daß Zoli und die Seinen seit zwei Tagen nur noch aßen. Eine bittere Lektion. Aber wir wußten, daß sie nichts besaßen. Auf dem Weg hierher hatten sie alle Sachen fortgeworfen, Zoli hatte Lungentuberkulose, seine Frau erwartete ein Kind. Ich dacht wehmütig an mein Kostüm, das ich aus einem Anzug meines Vaters geschneidert hatte und in dem ich vor noch gar nicht langer Zeit so sorglos und glücklich umherspaziert war.
Wir mußten ein weiteres „schweres Geschütz" auffahren. Diesmal versuchte Elemér sein Glück mit seinem einzigen Anzug. Der Anzug machte großen Eindruck auf die Ukrainer, und tatsächlich kehrte Elemér mit einem Sack voll Eßbarem heim. Wir knabberten ungefähr zwei Wochen lang rohe Kartoffeln, Zwiebeln und Kohl. Dann war Rózsis schwarzes Stoffkleid an der Reihe, das vorletzte schwere Geschütz. Unsere letzte Reserve war ein Wecker, ihn hat-

ten wir für den alleräußersten Notfall aufgehoben. Dann warteten im Koffer nur noch weniger wertvolle Stücke. Dabei hatten wir erst Ende November.
Von Tag zu Tag stieg die Zahl der Bettler. Sie hielten ein Töpfchen, eine Schüssel, eine zerbeulte, rostige Konservendose in der Hand und sagten einfach: Bitte, gebt mir etwas. Zwei- oder dreijährige Kinder so gut wie Greise schlichen durch die Korridore und bettelten oder warteten vor der Tür. Küchenabfälle gab es nicht, aber mitunter aßen wir die Kartoffeln, in einem Anfall von Größenwahn, geschält. Ich reichte die Schalen einfach hinaus, aber als sie sich darum prügelten, ging ich dazu über, ein paar in jede Hand zu drücken. Es gab Zimmer, in denen aus Gefäßen gegessen wurde und es den Luxus des Abwaschens gab. Auf das Abwaschwasser warteten Scharen. Gierig schluckten sie die trübe, laue Brühe. Ein alltäglicher Anblick, aber ich konnte mich nicht an ihn gewöhnen. Ich war dem Verzweifeln nahe.
Eines Vormittags stellte sich ein blonder junger Mann ein und fragte nach Elemér. Er hieß Kremer, als Kinder waren sie befreundet gewesen. Ihm waren beide Beine erfroren, er hatte sie in Lumpen gewickelt. Er hatte seit langem nichts mehr gegessen und schleppte sich mühsam dahin. Ein Zweiundzwanzigjähriger! Ich gab ihm eine von den beiden Kartoffeln, die mir zustanden. Als er gegangen war, lehnte ich mich weinend an die Wand, dann lief ich rasch los, holte ihn, während er durch den Schnee hinkte, ein und drückte ihm auch die andere Kartoffel in die Hand. Ich bat unsere Nachbarn, Elemér nichts zu sagen, denn dann würde er mir seinen Kartoffelanteil aufdrängen. Sie versprachen es, aber sie mißbilligten, was ich getan hatte, schließlich würde ich ja stillen.
Katica bekamt nichts außer der Muttermilch. Ich werde nie verstehen, wie die reiche Milchquelle entstehen konnte, die fünfmal am Tag Katis wachsende Bedürfnisse deckte. Ich wurde dünner und schwächer, aber Milch hatte ich genug. Kati entwickelte sich und sah gut aus. Die Hormone, die die Milchbildung regulieren, hatten sich anscheinend von den Umständen unabhängig gemacht und zeigten ihre autonome Macht „nun erst recht". Selbst bei Frauen, die nicht hungerten, versiegte die Milch, wie auch – von sehr wenigen Ausnahmen abgesehen – keine Frau mehr ihre Tage bekam.
Um den Monatswechsel November/Dezember erreichte der Durchfall, der uns schon eine Weile heimsuchte, seinen Höhe-

punkt. Es war keine Epidemie, sondern eine Folge des Hungers und der ungewohnten Ernährung. Anfangs liefen die Leute hinter Mauern, Bäume und Büsche, da hatte es noch ein Schamgefühl gegeben, aber es hielt nicht lange vor. Jeder hockte sich inzwischen, wo es ihn gerade erwischte. Wer im Haus war, hatte kaum Zeit, ins Freie zu rennen und sich umzuschauen. Bei jedem Schritt trat man in die schmutzige Lache eines anderen. Viele Alte starben, aber nicht nur sie. Der Durchfall ließ kein Alter aus. Es gab fast keine Familie, in der niemand an Durchfall starb.

Elemér vertrat die Ansicht, wenn wir durch diesen Winter kämen, würden wir die Deportation überleben. Dieses Ziel sollten wir mit aller körperlichen und moralischen Kraft im Auge behalten. Bis zum Frühling dauere es nur noch drei, vier Monate. Für die Fabrikleute würde bald die Küche eröffnet. Bis dahin bliebe der Tauschhandel. Wir sollten aber aufpassen, daß wir Bettwäsche zum Wechseln behielten. Das sei äußerst wichtig, denn im Getto gäbe es neuerdings Läuse. Und man würde bereits von Flecktyphus reden. Wir aber begriffen das damals alles noch nicht in seiner Tragweite.

Wir hatten bescheidene Möglichkeiten, Wäsche und auch uns selbst zu waschen. Die Gärtners borgten uns bereitwillig ihre kleine Waschschüssel, ein Nachbar ließ uns einen Eimer, so daß wir Wasser vom Brunnen holen konnten.

Schrecklich war die ständige Dunkelheit. Ich wußte, daß sich ohne Helligkeit kein Kind entwickeln kann, und wollte mich nicht damit abfinden, daß Katica den ganzen Tag auf Licht verzichten mußte. So versuchte ich, möglichst viel mit ihr draußen zu sein, aber auch dann noch war der lichtlose Raum, wenn wir zurückkehrten, kaum auszuhalten. Was man dort tun wollte, verrichtete man tastend, und immerfort stießen wir aneinander. Die Gärtnerschen Kerzen waren aufgebraucht. Selbst wenn die Tür offen stand, drang kaum Licht ins Innere, aber wegen der Kälte öffneten wir sie ohnehin nur selten. Sooft wir ins Freie traten, blendete uns das Licht, die Augen brannten und tränten, wir mußten blinzeln. Herr Gärtner beschaffte irgendwo eine Flasche. Mit ihr gingen seine Frau und seine Tochter los, um Petroleum aufzutreiben. Sie hatten Erfolg. Wie die ansässigen Ukrainer, stellten wir nun eine Art Petroleumlampe her. Ich flocht aus dem Stopfzeug, das ich in der Nähdose hatte, einen Docht. Die Flamme war kleiner als die eines Streichholzes, aber immerhin: besser als nichts. Sie leuchtete nicht weiter als bis

zur Nasenspitze. Wer etwas zu tun hatte, musste das Licht in die Hand nehmen und es behutsam, um die Flamme nicht auszublasen, halten, bis er fertig war. Das Problem war, daß er dadurch nur eine Hand frei hatte. Und die andern im Raum sahen bloß einen winzigen Lichtpunkt durch die Dunkelheit schwanken, doch wir hielten die Lampe trotzdem in Ehren.
Ich wußte, Katica konnte nicht den ganzen Tag im Dunkeln sein, mir aber fehlte die Kraft, sie draußen lange auf dem Arm herumzutragen. Was tun? Eines Tages ging Ernö los, die Ruinen zu durchstöbern. Am Mittag kam er mit einem großen, wackeligen Schubkasten zurück. Wir wuschen ihn gründlich aus, Ernö nahm aus seiner sorgsam gehüteten Werkzeugkiste Hammer und Nägel, nagelte die lockeren Seitenbretter wieder zusammen, und wir legten Katicas Matratze hinein, wodurch ein hübsches kleines Bett entstand. Dann trugen wir Ziegelsteine in den Korridor und stellten den mit warmen Decken und Kissen gepolsterten Schubkasten gegenüber unserer Tür auf den entstandenen Steinsockel. Katica paßte genau in das warme Nest hinein. Zwei Minuten und sie war fest eingeschlafen.
Der Korridor war eiskalt, an beiden Enden fehlte das Mauerwerk, der frostige Wind fegte hindurch. Deshalb errichtete ich über dem Bett ein Zelt aus Decken. So gelangten Zugluft und Helligkeit nicht direkt, sondern durch die obere kleinere Trichteröffnung zu Katica. Mir fiel ein Stein vom Herzen. Natürlich lief ich alle fünf Minuten, um nach der Kleinen zu schauen, denn pausenlos kamen Scharen von Bettlern aus dem Getto. Das Gießereigelände repräsentierte, gemessen am Getto, den „Wohlstand".
Nun war Katica den ganzen Tag draußen und fast immer schlief sie. Nur zum Stillen und zur Nacht holte ich sie herein. Die Nachbarn waren entrüstet. „Nehmen Sie das Kind ins Warme, das steht es nicht durch", jammerten sie, besonders die älteren Frauen. Aber als bald die Erfolge meiner Methode sichtbar wurden, indem Katica gesund und ihr Gesicht rosig war, ja sie sogar zunahm, gute Laune hatte und sich nie erkältete, fanden sie sich ab und lobten mich sogar. Katica wurde jetzt zum Liebling der ungefähr hundertfünfzig Hausbewohner. Nicht nur ich paßte auf sie auf, sondern das ganze Haus.
Mitte Dezember wurde die Küche der Gießerei eröffnet. Eine lange Schlange bildete sich. Jeder reichte sein Eßgefäß und die Es-

sensmarke durch das Küchenfenster hinein und bekam seine Portion herausgereicht. Wir erhielten fünf Portionen. Rózsi hatten einen Eineinhalb-Liter-Topf, so daß es keine Probleme gab. Ich eilte mit der heißen Suppe nach Hause, damit sie nicht auskühlte, denn sie würde nach langer Zeit unsere erste warme Mahlzeit sein. Wie sich Rózsi freuen wird, dachte ich. Wie großartig, wir bekommen jeden Tag zu essen, in der Suppe schwimmt wahrscheinlich auch Fleisch, man muß nur rühren. Brot werden wir gesondert bekommen, bestimmt genug, um jeden Tag satt zu werden. Mit solchen Gedanken kehrte ich heim. Unsere Männer waren noch nicht da. Beim Licht unserer Funzel richteten sich zwei aufgeregte Blicke auf die Suppe. Der Löffel bewegte sich leicht. Von Fleisch keine Spur. Nur ein paar Grützekörner schwammen in der grauen Brühe. Wir kosteten. Sie war warm und enthielt Salz. Gierig löffelten wir unseren Anteil.

Gegen Abend ging ich zur Bäckerei, das Brot holen. Auch hier eine lange Schlange. Beim Eintreten wurden die Brotmarken streng kontrolliert, bei der Brotausgabe gab es die nächste Kontrolle, gleich zweimal, und beim Hinausgehen die vierte – nur damit keiner mehr bekam als die andern. „Hier muß ein Irrtum vorliegen", sagte ich, „wir sind zu fünft, unmöglich, daß uns nicht mehr zusteht!" Und ich zeigte auf das kleine runde Brot, das sie mir in die Hand gedrückt hatten. „Kein Irrtum", hieß es, „das ist genau die Menge für fünf Personen." – „Ich hoffe, das ist nicht endgültig", erdreistete ich mich zu sagen. „Hoffen darf man immer", lautete die lakonische Antwort. Ich war verzweifelt. Daheim musterten sie bestürzt das flache, kleine Brot. Ich teilte es in vier Teile. Jeder sollte sich sein Stück so einteilen, wie er es für richtig hielt.

An diesem Abend flammte der Streit um das Essen wieder auf. Elemér verlangte, daß ich auch seine Portion aß. Ernö verlangte das gleiche von Rózsi. Wieder einmal stritten wir, bis zur Feindseligkeit. Ich bestand darauf, keinen Bissen mehr als die anderen zu essen. Und am Ende siegte ich, zumindest für diesen Abend. Jeder aß sein Viertel, hinterher hatten wir alle noch mehr Hunger. Ein einziges Abendbrot reichte nicht aus. Außerhalb des Werksgeländes wurden wir beneidet. Die Leute dort hatten nicht einmal so viel wie wir. Die Zahl der in Lumpen gehüllten Hungernden wuchs stetig. Sie sahen kaum noch wie Menschen aus. Sie starben bereits wie die Fliegen. Die Kälte war ungewöhnlich streng, viele erfroren im Schlaf.

Die ukrainischen Alten meinten, so einen kalten Winter hätte es seit siebzig Jahren nicht gegeben. In dem Raum, in dem wir hausten, schlug sich unser Atem an den Wänden nieder und gefror. Neben Hunger und Kälte setzte den Leuten die Angst vor Flecktyphus zu. Sich gegen die Läuse zu wehren, war unmöglich. Es gab keine Seife, keine Waschgelegenheit, keine Kleidung zum Wechseln. Nichts hielt die Läuse auf. Die Seuche breitete sich weiter aus. Und doch gab es etwas, das uns in noch größerer Furcht hielt: die ständige Gefahr, daß wir deportiert würden. Das Militär kreiste unerwartet einen Teil des Gettos ein, unsere Leute wurden eingefangen wie Hunde von Hundefängern. Würden nicht genug Leute auf der Straße gefaßt, so verschleppte man sie aus den Häusern. Auf Befehl der Deutschen mußte eine bestimmte Zahl an Deportierten – Männer wie Frauen – in die innere Ukraine gebracht werden, in Arbeitslager hinter dem Bug. Die Menschen traten einen endlosen eisigen Fußmarsch an, wer nicht durchhielt, wurde erschossen. Die Deutschen ließen die Leute arbeiten, bis sie nicht mehr konnten, dann wurden sie exekutiert. Aus den Lagern unter rumänischer Verwaltung wurde Nachschub angefordert. Soweit wir wissen, ist von dort niemand zurückgekehrt.

Die Nachricht von solchen massenweisen Festnahmen verbreitete sich wie ein Lauffeuer. Von den Fängern konnte man sich gar nicht schnell genug verstecken. Hunger und Kältetod zählten nicht mehr, nur der bedingungslose Wunsch, im Lager von Mogiljow zu bleiben, denn das war allemal besser als alles sonst. Das Werksgelände war einigermaßen geschützt, aber auch von uns wurden Leute abgeholt.

In der Gießerei arbeitete auch unser „Gastgeber", Herr Gärtner. In dem kalten, kleinen Raum, wo wir bei ihm Unterschlupf gefunden hatten, lebten wir dicht gedrängt zu acht, aber freundlich und hilfsbereit zusammen. Bei einer der willkürlichen Festnahmen wurde Herr Gärtner auf der Straße erwischt und mit anderen zusammen weggebracht. Frau Gärtner und die Tochter liefen zur Werksleitung, aber dort konnte man nichts für ihn tun. Die Tragödie war so alltäglich, daß sie niemanden aus der Fassung brachte. Der Hunger hatte uns abgestumpft.

Die beiden Frauen blieben nicht lange einsam. Das hübsche Fräulein Gärtner gefiel einem Ukrainer, der sie und ihre Mutter zu sich nahm. Für derlei interessierten sich die rumänischen Behörden nicht. Wir konnten verhungern, wir konnten erfrieren – denn darauf legten sie es ja an –, aber wenn es jemandem gelang, auf einen grünen Zweig zu kommen, war es auch gut.

Einmal begegnete ich den beiden, und sie erzählten, daß sie in einem schönen Haus wohnten, eine richtige Petroleumlampe hatten und ordentlich aßen und daß das Mädchen den Ukrainer nach dem Krieg heiraten würde. „Mein armer Mann", klagte die Mutter, „jetzt könnte er Krautstrudel futtern!" Es wirkte seltsam, daß ihr die Krautstrudel so wichtig waren. Ich wechselte einen Blick mit Ruth, unserer Nachbarin, die meine beste Freundin geworden war. Wir unterdrückten ein Lächeln.

Jetzt verfügten wir allein über das finstere Loch. Gärtners hatten die Waschschüssel mitgenommen, uns aber das Petroleumlicht dagelassen. So dunkel und eng der Raum auch war, als wir nur noch zu fünft dort wohnten, schien er auf einmal geräumig. Daß wir ihn hatten, war unser Glück, denn in dem abgesonderten Raum war es leichter, sich gegen die Läuse zu wehren als in den Masseunterkünften. Dennoch warf ich oft sehnsüchtige Blicke in deren helle Zimmer. Womöglich litt ich unter dem Hunger weniger als unter der Finsternis. Ich träumte von einer größeren Lampe.

Großreinemachen hätte not getan, aber dazu wären die Schüssel und warmes Wasser nötig gewesen. Einen Besen borgte ich mir.

Das Resultat unserer letzten Tauschaktion war ein Säckchen gelbe Erbsen, aber sie waren steinhart, roh konnte man sie nicht essen. Hunger und Kälte waren kaum noch auszuhalten. Da eine Herdstelle und ein Schornsteinabzug vorhanden waren, bauten Elemér und Ernö aus Abbruchsteinen einen Ofen. Etwas wie ein Ofenrohr und eine Herdplatte schmuggelte Elemér aus dem Werk heraus. Das war nicht ungefährlich gewesen. Wir sammelten trockene Zweige, dann kam der große Tag des Feuermachens. Die Premiere erstickte in dickem, beißendem Rauch. Die Tür mußte offen stehen, solange das Feuer brannte. Von Wärme war nichts zu merken. Mühselig kochten wir die Erbsen halb weich – hustend, unter Tränen, mit kratzendem Hals. Dann fielen wir gierig über die Erbsen her, nur Salz fehlte.

Leider erfüllte sich der Traum nicht, Katica endlich einmal warm zu baden, denn wegen der offenen Tür wurde es in dem Raum noch kälter. In der eisigen Kälte reinigte ich die Kleine von nun an so: Ich bettete sie, die im Wickelkissen steckte, auf die zusammengeschobenen Koffer, legte ein sauberes Hemdchen, zwei saubere Windeln und die Flasche mit dem Paraffinöl daneben und warf die Decke über uns, wodurch eine Art Zelt entstand. Nun wartete ich ein paar Minuten, bis mein Körper die Luft unter der Decke erwärmt hatte, löste die Windeln, bis das Kind nackt war, und rieb rasch den ganzen Körper mit Öl ein, das ich anschließend mit einer sauberen Windel wieder gründlich abwischte. Dann das saubere Hemdchen, die saubere Windel und ganz schnell wickeln. Das alles tastend in völliger Dunkelheit. Daran gewöhnte ich mich, wie sich ein Blinder Bewegungen einübt, ohne zu sehen. Auch tagsüber legte ich Katica in einem solchen „Zelt" trocken. Wir machten es jeden Tag. Sie war ein sauberes und gepflegtes Baby. Nie roch sie irgendwie „abgestanden" wie viele andere kleine Kinder. Besorgt registrierte ich, daß die Ölflasche trotz aller Sparsamkeit leerer wurde.

Eines Nachmittags gingen Ernö und Elemér wieder „organisieren", und sie kamen mit einer „Waschschüssel" heim. Auf ihrem Weg hatten sie am Straßenrand im Schnee ein angefaultes, kaputtes Faß gefunden, das aber noch den untersten Spannreifen besaß, der es gut zusammenhielt. Sie hatten Ernös kleine Handsäge dabei (seine Werkzeugkiste enthielt alles, was man zu einem Robinson-Leben benötigte), also sägten sie das Faß quer durch und gewannen eine massive, ausreichend tiefe „Schüssel". Rózsi und ich führten einen Freudentanz auf, als die beiden damit nach Hause kamen. Ich träumte bereits von dem Tag, an dem wir Katica in der Schüssel ins warme Wasser setzen und abseifen würden. Aber fürs erste wuschen sich nur die Erwachsenen darin. Auch das Wäsche auswaschen und Saubermachen war jetzt viel leichter.

Nach dem Erfolg mit der Schüssel schmiedeten die Männer einen neuen Plan. Überall in der Stadt sah man zusammengebrochene Zäune. Holz lag auch unter den Träummern der Häuser. Fortan brachten sie an jedem dunklen Abend ein paar Bretter nach Hause. Das war nicht ungefährlich. Danach gingen sie an die Arbeit. Ernö maß aus, sägte und hämmerte, und es entstanden ein paar Möbelstücke, die uns das Leben erleichterten. Als erstes die beiden Pritschen, eine über der anderen. Unten schliefen Ernö und Rózsi, oben wir. Unter der Pritsche war Platz für die Koffer. Danach bekam Katica ein kleines Gitterbett – sie sollte ja nicht rausfallen, wenn sie erst stehen konnte. Dazu kamen schließlich ein Tisch, eine Bank und – der reine Luxus! – ein kleiner Schrank mit Fächern. Eine Tür hatte er nicht, aber einen Vorhang aus einem Stück Stoff. Wir waren sehr zufrieden. Die Nachbarn zollten Anerkennung. Wir wußten nicht, für wie lange – aber wir hatten uns eingerichtet. Elemér hämmerte im Werk aus runden Metallplatten Teller und eine größere Abwaschschüssel. Oft kamen Nachbarn und liehen sich unsere Gerätschaften aus. Wir hatten noch ein paar Haushaltsgegenstände aus der Heimat, darunter einen Trinkbecher mit Stiel für Katica. Für sie hatten wir außerdem noch Waschseife, ein Flanellbadetuch, Kissenbezüge, ein kleines Laken und Anziehsachen. Das alles war da, aber leider keine andere Nahrung als Muttermilch, und es wäre doch allmählich Zeit gewesen, ihr auch etwas anderes zu geben.

Die Tage verrannen, wir wurden immer schwächer. Wir lebten ausschließlich von gelben Erbsen, abgesehen von der Plempe zu Mittag und der Tagesration Brot. Aber wir mußten uns auch die Erbsen streng einteilen. Für Tauschgeschäfte hatten wir so gut wie nichts mehr. Es sprach sich herum, wie geschickt Ernö handwerklich war, man holte ihn hierher und dorthin zu Reparaturen, womit er sich ein bißchen was verdiente. Davon kauften wir Erbsennachschub von dem wir vegetierten.

Der Flecktyphus wütete. Wir mußten unbedingt, und sei es auf Kosten der Nahrung, Petroleum gegen die Läuse beschaffen, mit dem wir uns selbst und unsere Kleidung tränkten. Wir waren nicht verlaust, aber es kam vor, daß wir sie bei uns entdeckten. Das ließ sich nicht vermeiden, das Lager wimmelte von Läusen, und ich stellte mich jeden Mittag an der Küche nach Essen an. Jeden Tag durchsuchten wir beim Funzellicht unsere Kleidung und unsere Wäschestücke bis in die kleinsten Nähte hinein nach dem Ungeziefer und seinen Eiern. Wir wurden selten fündig, und wenn, dann wußten wir nicht, ob die Laus gesund oder krank war. Später gingen wir dazu über, mehrmals am Tag Jagd auf die Läuse zu machen. Und das im Finstern, stundenlang.

In jedem Zimmer gab es Krankheiten. Wir bekamen wiederholt zu hören: Ihr habt es gut, ihr seid für euch allein. Wir wunderten uns, daß man uns unseren Extraraum nicht wegnahm. Es war wohl nur damit zu erklären, daß Elemér inzwischen großes Ansehen im Werk genoß. Außerdem war ein hoher und allgemein geschätzter Chef samt seinen Angehörigen so vernarrt in Katica, daß sie sich die

Kleine beinahe täglich „ausborgten" und wir unter ihrer Obhut standen. Dieses „Ausborgen" kam uns durchaus gelegen, denn ich konnte das Kind nicht mehr vor der Tür lassen, weil ständig verlauste Leute vorübergingen. Und daß sie im stockfinsteren Wohnloch lag, konnte ich erst recht nicht ertragen.
Der Winter zog sich hin. Wer sich vom Flecktyphus erholte, der starb bald vor Hunger. Oder er erfror. Es war ein massenhaftes Sterben. Außer den Erwachsenen kamen täglich auch dreißig bis vierzig Kinder in die Kalkgrube. Überall sah man Skelettgestalten, die sich gerade noch oder schon nicht mehr bewegten. Man traute seinen Augen nicht. Oft dachte man, es sei ein Spuk, es könne nicht Wirklichkeit sein.
Nicht weniger schlimm war das andere Gesicht des Schreckens: aufgeblähte, unförmige Menschen, aufgeblasen wie in einem teuflischen Spiel – wie Gummipuppen. Jemand sagte mir, ehe die Skelettgestalten stürben, würden sie derart aufgehen. Wer sich noch bewegen konnte, ging bettelnd von Haus zu Haus. Aber betteln? Bei wem? Viele Kinder waren inzwischen ohne Eltern. Sie hatten Mutter und Vater überlebt. Wohin du schautest, da waren sie, wohin du kamst, da stießest du auf sie. Du schlossest dich, dem Wahnsinn nahe, ein, da hörtest du sie. Von morgens bis abends die Winzlinge mit den altwelken Gesichtern, in Lumpen, in den ausgestreckten Händen eine Blechdose, so zogen sie durch die Stadt. Jeder, der es sich leisten konnte, gab ihnen einen Happen. Aber was half das? Die meisten von ihnen starben vor Hunger, vor Kälte. Der entsetzliche Gedanke peinigte mich, was aus Katica werden würde, wenn auch wir umkämen. Und es war fast soweit. Wir standen kurz vor dem Hungertod.
Elemér sagte wieder, wir müßten alle Kräfte zusammennehmen, um diesen Winter zu überstehen. Wenn es uns gelänge, würde das unsere Rettung sein. Elemér, Ernö und ich wurden immer magerer, Rózsis Augen in dem schmalen kleinen Gesicht wurden immer brennender, ihre Arme und Beine dünner, nur ihr Bauch rundete sich mehr und mehr. Wegen des Hungers weinte sie viel. Einmal beschafften wir uns einen Sack gefrorene Zwiebeln. Rózsi aß sie, als wären sie Äpfel, zwanzig Stück auf einmal. Wir teilten die Zwiebeln nicht auf. Sollte sie essen, so viel sie wollte. Es war erschütternd zuzusehen, wie sie sich die Zwiebeln einverleibte. Aber sie bekamen ihr.

In der zweiten Dezemberhälfte hatte ich kaum noch Kraft zu gehen. Das Kind konnte ich fast nicht mehr hochheben. Es kam einem Wunder gleich, daß meine Milch nicht versiegte. Das viele Wasser und die wenigen gelben Erbsen, alles verwandelte sich in Milch. Die anderen staunten. Aber in mir nagte immer stärker die Angst, Katica werde allein übrig bleiben.
Eines Sonntags erwachte ich sehr früh und empfand die Finsternis als besonders unerträglich. Behutsam glitt ich von Elemérs Seite unter dem Federbett hervor, zog mich an und ging hinaus. Es dämmerte bereits, gierig sogen meine Augen die Spuren der Helligkeit auf. Nirgends eine Menschenseele. Während ich auf der Straße hin und her ging, holperten ein paar beladene Fuhrwerke vorüber. Ich wurde erst aufmerksam, als von dem einen etwas herabfiel und der Kutscher fluchend abstieg. Die Wagen waren voller Leichen. Ich wußte, daß sie jeden Morgen eingesammelt wurden, aber es erzählt zu bekommen ist anders als es selbst zu sehen. Ich wandte mich schaudernd ab, wurde das Bild aber nicht mehr los: aufeinander geworfene Körper, hängende Köpfe, skelettartige Arme und Beine. Mit wildem Herzklopfen floh ich ins Haus.
Die Brotration betrug nur nominell zweihundert Gramm pro Tag und Person. Wir bekamen weniger, und an manchen Tagen bekamen wir mit der Begründung, es sei kein Mehl geliefert worden, gar nichts. Es war ein schweres, halb rohes Gerstenbrot, in das Kleie und Stroh eingebacken waren. Aber das hätte uns nichts ausgemacht, wäre nur genug davon vorhanden gewesen. Ich begann, Katica mit ein wenig Brot, daß ich durch Einweichen breiig machte, zu füttern. Sie nahm es an. Ich sah ein anderes Problem vor mir: Sie hätte die Möglichkeit bekommen müssen, sich aufzusetzen, dann aufzustehen und so weiter. Doch wegen der Kälte mußte sie im Steckkissen bleiben. Also konnte sie solche Versuche in ihrem kleinen Bett nicht machen.
Mittags und abends legte ich sie vor dem Stillen auf die Pritsche und turnte und spielte mit ihr, eine Weile konnte sie sich frei bewegen, aber bald mußte ich sie wieder einwickeln, damit sie sich nicht erkältete. Allmählich wurde das Steckkissen zu eng. Bis zum Frühling war es noch lange hin – falls wir ihn überhaupt erleben würden –, und dann erst würde sie sich normal bewegen können.
Dunkelheit, Finsternis. Dunkle, quälende, kalte Tage. Entsetzlich lange Nächte. Schmerzliche Zeit. Aber aus dieser Finsternis hebt sich

hell ein besonderer Tag hervor: Der Abend des 24. Dezember 1941 trug sich mit Großbuchstaben in mein Gedächtnis ein. Ich ging los, um unsere tägliche Brotration zu holen. Knirschende Kälte, Frost, brüllender Hunger. Die Kälte stach mit Messern zu, die Sterne funkelten am dunkelblauen Himmel.

Ich fühlte mich als Staubkorn und völlig hilflos im mächtigen Universum, als ich den gefrorenen Weg entlangging und zum stummen Himmel blickte. Unwillkürlich seufzte ich: „O mein Gott, dies ist der Weihnachtsabend, der Geburtstag Christi, und man sagt es ist das Fest der Liebe, ach, wenn ich wenigstens heute von Brot satt werden könnte!" Die Schlange war so lang wie immer. Ich passierte die beiden ersten Kontrollen, bei der ersten wurden die Brotmarken gelocht, bei der zweiten die Lochung überprüft. Ein Irrtum war unmöglich. In den Regalen lagen, eins wie das andere, kleine, flache Brote, nur ganz oben, aus unbekanntem Grund und zu unbekanntem Zweck, drei große, viel größere als die unten. Ich hatte keine Ahnung, was es mit ihnen auf sich hatte, ich hatte auch nie beobachtet, daß jemand mit so großen Broten wegging. Als ich zur Ausgabe kam, prüfte der dritte Posten mit strenger Miene meine Brotkarten, dann knurrte er den Gehilfen an, er solle die drei Brote von oben geben. Das Regal war hoch, der Gehilfe mußte auf eine Leiter steigen, umständlich stieg er mit den drei Broten wieder herab, und das vor aller Augen. Die Szene interessierte mich nicht weiter, ich konnte ja nicht träumen, daß sie irgendwie mit mir zusammenhing. Aber so war es, er legte die drei Brote aufeinander und schob sie über den Tisch zu mir. Ich begriff nicht, uns stand nur ein einziges, ein kleines Brot zu, ich rührte mich also nicht. Da schnauzte der Posten mich an: „Worauf warten Sie, der Nächste ist dran!" – „Ich warte auf mein Brot", antwortete ich. „Sehen Sie denn nicht?" knurrte er unwillig. Ein Wartender hinter mir gab mir einen kleinen Schubs. Ich kam zu mir, schnappte die drei Brote und ging langsam auf den vierten und zugleich letzten Kontrollposten am Ausgang zu. Ich erwartete, daß er mir die Brote abnehmen würde. Aber nein. Er prüfte die Brotmarken und drückte sie mir in die Hand! Alle haben es gesehen, und alle tun so, als hätten sie nichts gesehen.

Wieder draußen, rannte ich los mit dem kostbaren Schatz, rannte, bis ich zu Hause war. Ich stürzte geradezu durch die Tür und lachte, lachte, ich konnte nicht sprechen. Rózsi sah die Brote und lach-

te ebenfalls los. Wir konnten nicht aufhören. Als später die beiden Männer heimkamen, lachten wir immer noch. Unser Lachen steckte sie an. Mit Mühe und mit Tränen in den Augen erzählte ich schließlich von dem Wunder, das mir zugestoßen war.
Ich war sehr glücklich. Erstens, weil Gott mich erhört hatte. Zweitens, weil wir wirklich satt wurden, noch dazu von gutem Brot, strohfrei und nicht klebrig, es sättigte uns noch am zweiten und dritten Tag; ein Stück verteilte ich an die bettelnden Kinder. Und drittens sah ich in dem Vorfall ein sicheres Vorzeichen, daß wir die Schrecknisse überleben, daß wir davonkommen würden. Das war mir ein teures und ermutigendes Geheimnis. Ich bewahrte es in meinem Herzen und dachte öfter darüber nach.
Was ist schlimmer, Hunger, Kälte oder Dunkelheit? Für mich war nichts so abscheulich wie die Dunkelheit. Sie machte mich wahnsinnig. Sogar sterben möchte ich im Licht. Wenn ich aus unserem dunklen Loch in den halbhellen Korridor trat, war ich geblendet. Und trat ich dann ins Freie, war es, als stieße mir jemand ein Messer in die Augen. Auf dem Rückweg wiederholte sich das gleiche umgekehrt. Ich wäre sogar in die verlausten Räume gezogen, nur um dieser ewigen Nacht zu entkommen. Vor der eisigen Kälte – in unserem Raum gefror das Wasser – flohen wir, sobald es nichts mehr zu tun gab, unter das Federbett, Rózsi und Ernö unter ihre Wolldecke. Unsere Mäntel dienten als Matratze. In dieser Zeit – um die Jahreswende – bekamen wir für einen Schal oder eine Bluse nichts als bloß gelbe Erbsen. Zum Kochen war Holz nötig, das immer schwerer zu beschaffen war. Für ein Stück Holz verlangten die Ukrainer einen hohen Preis.
So spärlich die Brotration war, sie reichte aus, eine schmerzhafte Zungenkrankheit auszulösen. Immer tat mir die Zunge weh, als hätte ich sie mir verätzt. Ein Arzt unter uns meinte, das läge an den spitzen Strohstücken im Brot und am Vitaminmangel. Für beides gab es keine Abhilfe. Das Essen, das heiß ersehnte Essen, das so unsäglich wichtige Essen verursachte, wenn es endlich Wirklichkeit würde, böse Qualen.
Es kam der letzte Tag des Jahres, zugleich Elemérs Geburtstag. Frühere Silvesterabende fielen uns ein, in der Heimat, im Kreis von Familie und Freunden. Oh, wie gut, daß meine Eltern und Geschwister daheim waren, in Marosvásárhely i. e. Tîrgu Mures (rumänisch) = Neumarkt (Anm. d. Übersetzers). Bestimmt bangten sie dort um

uns, weil sie ja nicht wußten, wo wir waren, ob wir noch lebten. Elemér wurde an diesem Tag achtundzwanzig, sein früher so volles, gesundes Gesicht war blaß und eingefallen, die Backenknochen standen hervor. Mit seinen blauen Augen und seiner hohen Pelzmütze sah er wie ein ukrainischer Bauer aus. Wie konnte ich ihn überraschen, ihm eine Freude machen? Nicht mit meinem Brot, er würde es nicht annehmen.
Ich hatte kein Geschenk für ihn, aber er brachte eine Überraschung mit, als er am Abend nach Hause kam. „Seht nur", sagte er. Im spärlichen Funzellicht blitzte eine große Handsäge auf. „Ich habe sie im Werk gebaut, das Herausbringen war schwierig, aber jetzt ist sie hier, fuhr er fort. „Morgen verwandelt sie sich in Eßbares. Und du", sagte er zu mir, „bekommst ein großes Licht mit einer Flamme, so hoch wie zwei Kerzen!" Die Freude war groß.
Nach dem „Abendbrot" sagte Elemér, wir sollten uns früh hinlegen, gegen Mitternacht würde er mit Ernö losgehen, Holz beschaffen. Mit dieser Säge könne man einen ganzen Baum fällen. Den habe er sich im Hellen schon ausgesucht, ganz in der Nähe. Sofort schrumpfte die Freude in meinem Herzen – sein Plan war zu wagemutig. „Wenn die ukrainische Patrouille Wind bekommt, werden sie mit Sicherheit schießen." – „Heute ist Silvester", beruhigte mich Elemér, „die Nachtwache wird nicht Jagd auf Holzdiebe machen, sondern trinken. Wir brauchen nur eine halbe Stunde."
Wir krochen unters Federbett, aber ich konnte nicht schlafen. Trotz aller Bitten machten sich Elemér und Ernö um Mitternacht auf den Weg. Zitternd vor Kälte und Sorge, schloß ich hinter ihnen die Tür. Ein netter Geburtstag.
Ein Stunde vergeht, zwei Stunden, und sie kommen nicht. Die ersten Stunden des Jahres 1942. Katica schläft, Rózsi weint leise. Meine Angst um Elemér und Ernö wächst, ich halte es kaum noch aus. Ich ziehe mich schnell an, warte weiter. Plötzlich verliere ich den Kopf, springe auf, renne hinaus. Es ist finstere Nacht, ein Schneesturm tobt, peitscht mir den eisigen Schnee ins Gesicht. Ich sehe keinen Schritt weit, dabei sind meine Augen noch ans Dunkel gewöhnt. Sind das nicht Schüsse? Oder heult nur der Wind? Ich vergesse alle Vorsicht und rufe laut nach ihnen: Elemér! Ernö ...! Keine Antwort.
Alle Angst war auf einmal verschwunden, ich fürchtete weder Patrouillen noch den Sturm, ich rannte aufgeregt hin und her, wußte

kaum noch, wo ich war. Was ich machte, war verrückt, aber ich hielt das qualvolle Warten nicht aus. Und wenn sie inzwischen gekommen sind? Ich hastete zurück, fand jedoch unser Haus nicht, konnte mich nicht orientieren. Ich weiß nicht, wie lange ich herumirrte, bis ich, halb erfroren, endlich ankam.
Es war drei Uhr nachts. Die Männer waren noch nicht da. Wer weiß, wo sie tot im Schnee lagen? Ich saß schweigend neben Rózsi auf der Pritsche, die Zeit schien stillzustehen, vielleicht würden wir bis in alle Ewigkeit so dasitzen in der Kälte, in diesem finsteren Loch, ohne jede Hoffnung wartend.
Gegen vier Uhr hören wir leise, vorsichtige Schritte. Der verdammte Zauber weicht, ich reiße die Tür auf. Da sind sie! Sie bringen einen kräftigen Baumstamm und Äste. „Schnell verstecken!" Wir heben den Stamm auf den Teil der oberen Pritsche, der zur Wand steht. Die dickeren Äste ebenso. Die dünnen haben sie schon gleich nach dem Fällen kleingemacht, damit sie sich besser transportieren ließen.
Als wir schon im Bett lagen, fragte ich Elemér, ob er den König Lear gelesen habe. „Nein" – „Schade", sagte ich, „vorhin bin ich genau wie er durch die stürmische Nacht gerannt, nur daß mir der Sturm nicht den langen weißen Bart gezaust hat." – „Wo warst du? Was hast du gemacht?" fragte er betroffen. Ich erzählte es ihm. Er war so entsetzt, daß ich bereute, etwas gesagt zu haben. Ich mußte ihm versprechen: „Was auch geschieht, ich werde nicht den Kopf verlieren."
Am Morgen gingen die Männer los, die an die Säge geknüpften holzmäßigen Tauscherwartungen zu erfüllen. Rózsi und ich lagen noch im Bett, als ein ukrainischer Polizist mit Gebrüll hereingestürzt kam, unter die Pritsche guckte, herumfuchtelte und schrie, herumtastete und dann wieder ging. Wir hatten kein Wort verstanden. Ich lag auf der oberen Pritsche, an den Baumstamm geschmiegt, und sah nach unten. Dann erfuhren wir, daß er in allen Räumen gewesen war und nach gesägtem Holz suchte. Unser Raum war so dunkel, daß ihm nicht einmal aufgefallen war, daß wir eine Etagenpritsche aus Holz hatten.
Elemér und Ernö gingen in der Regel Holz beschaffen, wenn nachts ein Schneesturm tobte und anzunehmen war, daß keine Patrouillen unterwegs waren. Mit der Säge unterm Mantel stahlen sie sich in die Nacht hinaus. Rózsi und ich lauschten, ob etwa Schüsse

zu hören waren. Unser Ofen ließ sich nur um den Preis von Unmengen Brennholz soviel Wärme entlocken, daß wir die gelben Erbsen wenigstens halbweich kochen konnten. Die Holzbeschaffung war etwas sehr Gefährliches, deshalb gingen wir mit dem Holz äußerst sparsam um. Wir suchten nach einer anderen Lösung. Elemér trieb einen defekten, weggeworfenen Petroleumkocher auf, den er reparierte. Außerdem brachte er den Außenteil einer defekten Thermosflasche in Ordnung, dann nahm er sie jeden Tag ins Werk mit. Die Werkskontrolle war der Meinung, in der Flasche befände sich sein Tee. Als sie sich an die Flasche gewöhnt hatten und niemand mehr auf sie achtete, schmuggelte Elemér in ihr täglich einen Liter Masut-Heizöl aus dem Werk. Enorm! Ein Petroleumkocher, der funktioniert! Wir kochten darauf nicht nur unsere gelben Erbsen, er wärmte ein wenig auch unser dunkles Loch.
Mit vielen Mitbewohnern im Haus schlossen wir Freundschaft. Abends trafen sich die Jüngeren in unserem Zimmer, das nun als relativ warm galt. Wir unterhielten uns hauptsächlich darüber, wer jetzt was am liebsten äße. Ruth, meine beste Freundin, wünschte sich immer Kakao mit Napfkuchen, ich dagegen heißen Tee mit Zucker und Brot mit Speck. Diese Begierden wiederholten wir einander ausdauernd Abend für Abend. Im Mittelpunkt aber stand Katica. Sie war nicht nur hübsch anzusehen, sondern auch ein unsäglich liebes und freundliches Kind. Es gab im Haus noch viele Babys, aber sie war die kleine Königin. Den ganzen Abend wurde mit ihr geschäkert und gespielt. Wir wollten den Hunger und die Angst des Tages vergessen und vergaßen sie. Aber das reine Lachen des nichts ahnenden, heiteren Mädchens vertiefte noch meine Sorgen um ihr künftiges Schicksal. Ich sah Schreckensbilder vor mir. O mein Gott, was wird, wenn wir verhungern und sie ohne uns zurückbleibt? Nur gut, daß ich damals nicht die ganze Wahrheit wußte: daß in mehreren benachbarten Lagern durchziehende SS-Soldaten sämtliche Kinder getötet hatten, bloß zum Vergnügen. In einem ungefähr fünf Kilometer entfernten Lager hatten sie die Kleinen in die Luft geworfen und auf ihre aufgesteckten Bajonette fallen lassen. Woanders wurden die Kinder zusammen mit den Alten erschossen. Ich wußte nichts davon. Wie nur, wo doch alle es wußten? Elemér hatte ihnen eingeschärft, mir nichts zu sagen. Obendrein hatte er ihnen gedroht, so daß in meiner Anwesenheit niemand darüber zu sprechen wagte.

Mit Katica hatte ich keine Probleme, höchstens, daß sie schlecht aß und jede Mahlzeit eine Prozedur war. Zwar trank sie ordentlich, aber wenn es mir gelang, endlich etwas richtiges zum Essen zu besorgen, was ja für ihre Entwicklung wichtig war, ließ sie es sich nicht einflößen. Hin und wieder ergatterte ich ein paar Kartoffeln, ein bißchen Maismehl oder – ein wahres Wunder – ein Scheibchen echtes Brot, aus dem ich mit echtem Zucker einen Brei kochte. Das alles wollte Katica nicht. Sie hatte keine Ahnung, was für Schätze ich ihr da anbot und daß ich an mich halten mußte, sie nicht selbst zu verschlingen.

Im Verlauf des ersten Winters entwickelten sich unter den Deportierten seltsame Gewohnheiten und Moden. So galt es zum Beispiel als sehr vornehm, nach Knoblauch zu riechen. Der Fleckthyphus tobte, und es hatte sich herumgesprochen, daß Knoblauch den Organismus widerstandsfähiger macht. Wer konnte, besorgte sich Knoblauch. Manchmal gelang es auch uns. Danach hielt man uns wegen des Atems für wohlhabend. Unser ehrbarer Geruch weckte Neid. Hinter unserem Rücken hörten wir sagen: „Wie gut es manchen Leuten geht!" Unnötig zu erwähnen, daß das Begehrenswerteste das Essen samt dem unübersehbaren Kennzeichen des Essens, der Dickleibigkeit, war: Man ißt, und wenn man nicht mehr ißt, hat man etwas, um davon zu zehren, so daß man erst in ferner Zukunft zum Skelett abmagern wird. Inzwischen kann viel geschehen, vielleicht darf man heimkehren. Aber dick war so gut wie niemand mehr. Ich kannte etliche Leute, die anfangs rund wie ein Faß gewesen waren, aber im ersten Winter abmagerten und mit schlaffer Haut umherwankten. Den Herzinfarkt-Kandidaten tat das Hungern gut: Sie verhungerten nun mit genesenem Herzen. Die Lungenkranken verließen uns rasch, ihnen half das Abnehmen nicht. Aber Magen-, Gallen- und Leberkranke genasen. Das Hungern erwies sich als die beste Diät vor dem Tod. Es gab auch etwas aus der früheren Welt des Wohlstands, das hier völlig aus der Mode kam: Selbstmord. Niemand brachte sich um, jeder wollte leben, um jeden Preis.

Die rund hundert Hausbewohner halfen einander bei den kleinen täglichen Dingen, so gut es ging. Jeder wußte vom andern, was er besaß. Wir wußten, wer eine Gabel hatte und sie auslieh, damit man den Kindern eine Kartoffel zerdrücken konnte. Auch einen Eimer zum Wasserholen bekamen wir immer geborgt. Unsererseits verliehen wir die von Elemér angefertigte Waschschüssel und das Stieltöpfchen zum Teekochen.

Im Haus lebten auch ein Gynäkologe und ein Kinderarzt. Bereitwillig berieten sie jeden, der ihren Rat benötigte. Instrumente hatten sie natürlich nicht, und Medizin konnten sie auch nicht geben. Auch sonst konnte man sich auf die Nachbarn verlassen. Eine ältere, lebenserfahrene Frau begegnete uns mit besonderem Wohlwollen, sie kam oft zu uns und paßte auf Katica auf, wenn es nötig war. Da hatten wir noch unseren Wecker, unser letztes „schweres Geschütz" für den Notfall. Vorläufig diente er noch einfach als Uhr und zeigte an, wie langsam, sehr langsam die Zeit verging, außerdem weckte er morgens unsere verschlafenen Männer. Die Frau sah sich immer wieder die Uhr an, bis sie eines Tages verschwunden war. Der Verdacht fiel auf die Nachbarin. Ihre Familie roch tagelang nach Knoblauch, die Mitbewohner sagten, sie äßen noch ganz andere Sachen. Die Nachbarin war mit einem reichen Kaufmann verheiratet gewesen. Sie hatte sich bestimmt nie träumen lassen, daß eine Zeit kommen würde, wo sie Freunde bestahl. Unser höchstes verbliebenes Gut war mitsamt der in die Uhr gesetzten Hoffnungen dahin.

An mein Malen und Zeichnen dachte ich manchmal wie an einen zerstobenen Traum. Immer unerwartet und entsetzlich schmerzend fielen mir die Schönheit der Linien und das Wunder der Farben ein. Doch so schnell, wie die Sehnsucht in mir erwachte, unterdrückte ich sie. Nein, in dieser Hölle darf ich daran nicht denken! Es ist etwas Reines, Heiliges, das nicht angetastet werden darf. Vielleicht irgendwann ... wenn viel Zeit vergangen ist ... und anderswo ... aber nicht hier! Ich unterdrückte das Verlangen zu malen mit eisernem Willen, denn es schmerzte wie eine hoffnungslose Liebe. Aber da schlüpfte es in ein anderes Gewand und kam unbemerkt – so daß es mir gar nicht auffiel und ich es erst später erkannte – wieder hereingehuscht und wisperte mir kleine Lieder ins Ohr, abends, wenn ich an Katicas kleinem Bett stand. Liedchen, die mein ahnungsloses Kind in eine bessere Welt entführten. Ich nannte sie Wiegenlieder. Ein paar von den immer spontan und immer auf andere Weise über meine Lippen drängenden Worten und melancholischen Melodien habe ich mir gemerkt.

Wiegenlieder

Katica
selyembogárka,
ordas farkas üvölt rád,
nincsen liliompoyád,
nincs meleg tejed,
elszakadt a selyemszálunk,
álmunk megrepedt.

Világszép baba,
Fei akama örölni az
ördögmasina,
fűszálnak édesanyja
tekinteted forditsd
a legkisebbik fűszálra.

Katica,
aranyos bársonycica,
lelkem csillaga,
vércse kering fejünk felett,
kegyetlenek itt a telek,
halál ugat vackunkon át,
alig hallod anyád dalát.

Árva harfán ül a dér,
nincs asztalunk, nincs kenyér,
lidércálom csüng a fákon,
téboy nyargal a határon.

Ezüsttóban aranyhal,
lesz még fehér a hajnal,
elindulunk csikó hátán,
szilánkká hull a torz ármány,
tulipán és liliom
kövel minket az úton.
Katica lelkem csillaga.

Tiszta szemed tükrében
csillanjon aranylepke,
kergetözzünk a kertben,
kék csengettyüs reggelen

Ezüsttélben meleg szoba,
kezedben a piros alma,
szép szeliden, kereken,
reád mosolyogna.

Hättest Du ein kleines weißes Bett,
würdest Deine Puppe wiederhaben,
wir würden spazieren zu zweit
auf einem Sonnenblumenwagen

Die Lieder erzähen von einer heilen Welt, von der realen Bedrohung und Angst und von der Hoffnung auf bessere Zeiten für das Kind.

Es mag im Februar gewesen sein, als mir ein Freund einen alten, abgegriffenen Zeitungsfetzen in die Hand drückte. „Lies das", sagte er. Ich sah ihn groß an. „Eine Zeitung? Woher?" - „Gefunden", antwortete er, „vom November". Aus dem Stück Zeitung erfuhr ich, daß Elemérs Schwester, Lili Paneth, und ihr Mann, Ferenc Paneth, der mein Cousin war und mit dem ich aufgewachsen war, am 7. November 1941 in Bukarest von faschistischen Henkern hingerichtet worden waren. Tagelang verheimlichte ich meinem Mann die Schreckensnachricht. Bestürzung und Trauer verschmolzen untrennbar mit der eigenen Tragödie und der der Welt. Die Tage waren lastend und düster. Doch bald drängte der unablässige Hunger den Kummer über die Märtyrer wieder in den Hintergrund. An unseren Körpern nagte der langsame Hungertod. Wieder und wieder hörten wir Elmér sagen: „Wenn wir diesen Winter überstehen, kommen wir davon." Ich schöpfte Hoffnung aus dem Vorfall mit den drei Broten. Aber dann bekam ich die Grippe. Wegen des hohen Fiebers mußte ich das Stillen absetzen. Unser Nachbar, der Arzt war, sagte, meine Milch würde innerhalb von drei Tagen versiegen, wir müßten jetzt anderweitig für die Kleine sorgen. Wir kochten ihr das Weiche aus dem Brot. Es schmeckte ihr. Nach einer Woche war ich fieberfrei. Ich versuchte zu stillen, es ging, ich hatte noch Milch.

Der Flecktyphus wütete noch, als der Bauchtyphus aufkam. Da der Bauchtyphus auch die Lagerverwaltung bedrohte, ließen sie den Deportierten eine Schutzimpfung geben. Ich bekam trotzdem die Krankheit, aber die Impfung verhalf zu einem leichteren Verlauf. Doch der Typhus schwächte meinen ohnehin geschwächten Organismus weiter. Von Diät und von Medikamenten konnte keine Rede sein. Die erste Woche war schwer, ich lag nur drei Tage, dann mußte ich wieder aufstehen und mich um das Kind kümmern. Ich konnte nicht alles Rózsi überlassen, die ebenfalls schwach war. Sie wurde von Gallenkoliken gepeinigt, vermutlich wegen der täglichen Erbsen. Im fortgeschrittenen Stadium ihrer Schwangerschaft hätte sie eine ganz andere Ernährung gebraucht. Ich schleppte mich mühsam dahin. Gelbe Erbsen sind nicht gerade Schonkost für Bauchtyphuskranke. Noch schlimmer war es, daß ich, wie unlängst bei der Grippe, mit dem Stillen aufhören mußte. Wir mußten erneut auf Brotbrei zurückgreifen. Und der war ein abscheulicher Fraß. Das Brot war nicht durchgebacken, voller Grannen, dunkel-

grau. Ohne Zucker ging es gar nicht. Elemér ging mit einem meiner sorgsam aufbewahrten Kleidungsstücke wieder einmal zu den Ukrainern. Ich mußte es opfern. Den Zucker halbierten wir, eine Hälfte für Rózsi, die andere für Katica. Wir hatten ihn in einem kleinen Leinensäckchen. Für Katica waren drei Kaffeelöffel pro Tag vorgesehen, für Elemér und mich nichts. Ich beobachtete, wie der kostbare Inhalt des Säckchens von Tag zu Tag abnahm. Katica schmeckte der gesüßte Brei. Mir lief das Wasser im Mund zusammen. Manchmal kostete ich und redete mir dabei ein, schließlich müsse ich ja wissen, was mein Kind ißt. Mir wurde ganz schwindelig von dem herrlichen Geschmack, und es kostete mich übermenschliche Anstrengungen, nicht Katicas ganze Portion zu verschlingen. Wir aßen einmal täglich eine kleine Menge gekochte gelbe Erbsen, ohne Salz.
Der Winter näherte sich seinem Ende. Das Zuckersäckchen war leer. Mein Kind hätte Milch gebraucht, aber Milch war unmöglich zu beschaffen. Der Gynäkologe aus unserem Haus warnte mich vor dem Versuch, Katica wieder die Brust zu geben. Nach den fünf Wochen sei die Milch versiegt, und an der Brust zu drücken könne Schäden verursachen. Was wird jetzt aus Katica? Wie soll sie sich entwickeln, wenn sie nur Brotbrei bekommt, noch dazu nun ohne Zucker? Ich mußte es einfach noch mal versuchen. Gott, du hast schon ein Wunder vollbracht, als ich die drei Brote bekam, bitte vollbringe noch ein Wunder! betete ich. Das erste Drücken brachte ein paar Tropfen Milch. Daraufhin drückte ich Milch aus beiden Brüsten, damit die Kleine nicht die „abgestandene" bekam. Danach begann ich sie zu stillen, und ich merkte, wie in mir die Quelle in Gang kam. Die Milch sammelte sich, und immer mehr kam. Soviel Katica brauchte. Das Wunder war geschehen: Nach fünfwöchiger Pause konnte sie wieder reichlich trinken. Die Milch war dünn, aber es war dennoch Muttermilch, und die schützte, soviel ich wußte, vor Krankheiten. Tatsächlich war Katica in all der Zeit niemals krank.
Ich stillte noch lange bis zum Ende des dreizehnten Monats. Inzwischen hatten sich ihre Zähne entwickelt, so daß es schmerzte, wenn sie biß. Irgendwann entwöhnte ich sie deshalb, aber da war schon Sommer, und es gab verschiedene Möglichkeiten, Lebensmittel herbeizuschaffen.

Vorläufig ist aber noch Winter, ich habe den Typhus überstanden, bin bis auf die Knochen abgemagert und habe keine Kraft mehr zum Gehen. Ich müßte essen, um auf die Beine zu kommen, vom wieder begonnenen Stillen ganz zu schweigen. Seit wir hier sind, spielen Elemér und ich unausgesprochen das Spiel, daß jeder dem andern das größere Stück Brot, den größeren Teller Erbsen zuzuschieben versucht. Als wir merken, es geht nicht, weil sowohl er widersteht als auch ich, wenden wir Tricks an, schwindeln sogar, wenn nötig. Zuletzt belauern wir einander wie Feinde. Alles ist verdächtig. Fanatisch und haßerfüllt kämpfen wir gegen die Selbstlosigkeit des andern. Mit ihr will sich keiner abfinden. Elemérs ständiges Argument ist, daß ich stille, meines, daß er schwer arbeitet. Jetzt, nach dem Typhus, vervielfacht Elemér seine Bemühungen. Er droht, die ganze Portion Brot und Erbsen wegzuschmeißen, wenn ich ihm nicht einen Teil abnehme. Ich sehe, er scherzt nicht, er wird es tun. Unter Tränen schlucke ich, was er mir hinschiebt.

Noch eine Katastrophe stellte sich ein: Ernö bekam die Ruhr. Bisher hatte er die verschiedensten beziehungsweise alle Arbeiten übernommen. Arbeit gab es im Getto, bei den Ukrainern. Das bedeutete immer etwas Eßbares. Mit Sicherheit hätten wir die Hungerzeit nie durchgestanden, wenn nicht ab und zu diese kleinen Sonderrationen gekommen wären. Das hörte jetzt aber auf. Wir mußten uns etwas einfallen lassen. Elemér ersann einen neuen Plan. Am Bahnhof türmten sich riesenhoch die Zuckerrüben, bereit für den Abtransport. Sie wurden Tag und Nacht von bewaffneten Soldaten bewacht. Elemér suchte sich tagsüber aus einiger Entfernung den am leichtesten erreichbaren Rübenberg heraus. Sobald es dunkel wurde, schlich er sich hin und lockerte an einer Stelle ein Brett des Zauns, um es in der Nacht herauszunehmen und durchzukriechen. Dazu muß man wissen, es war ein Gebiet, wohin wir nie, unter keinen Umständen einen Fuß setzen durften. Wir durften uns nur auf dem Werksgelände und im Getto frei bewegen.

In einer mondlosen Nacht stahl sich Elemér mit einem Sack unterm Arm aus dem Haus und vom Fabrikgelände hinunter bis zum Bahnhof, darauf bedacht, Patrouillen auszuweichen. Er nahm das gelockerte Brett aus dem Zaun, und mit ein paar Schritten war er am Rübenhaufen. Er entfernte die knochenhart gefrorene obere Schicht und füllte den Sack mit den tiefer liegenden Rüben, dann

huschte er davon und fügte das Brett in den Zaun zurück. Doch die ganze Operation dauerte Stunden. Mir war, als wäre eine Ewigkeit vergangen, als sich die Tür öffnete und Elemér eintrat, auf dem Rücken den Sack mit rund fünfzehn Kilo Beute. Die Freude war doppelt groß: Elemér war nichts zugestoßen, und wir hatten wieder etwas zu essen.
Von nun an wurden ausgiebig Zuckerrüben gekocht und gebraten. Zur Abwechslung bereiteten wir sie immer wieder anders zu: in der Schale gekocht, geschält und kleingeschnitzelt als Suppe, gebraten in der Schale und geschält, ähnlich wie Bratkartoffeln, und natürlich in rohem Zustand. Wir aßen die Rüben mit Brot und mit gelben Erbsen, wir stopften das einer Delikatesse gleichende wundervolle, fleischige, süße Zeug gierig in uns hinein und bekamen nicht genug davon. Wir aßen es den ganzen Tag, wir hatten ja genug. Keine Woche, und wir waren wieder auf den Beinen, wir setzten Fleisch an und waren nicht wiederzuerkennen. Meine Milch kam reichlicher und war nahrhafter. Der lebendige Beweis: Katicas rundes, gesundes Gesicht, ihre fleischigen Glieder. Auch Rózsi wurde fülliger, ihre Stimmung besserte sich. Selbst Ernös Zustand begann sich zu bessern.
Wir kannten eine nette, verwaiste Sechzehnjährige namens Téli. Ihre Eltern waren zu Hause wohlhabende Leute gewesen, Téli war ihr einziges Kind. Die Eltern waren im Getto verhungert, Téli blieb allein zurück, frierend, hungernd, hilflos. Einmal kam sie zu uns und sagte, sie sei zu jeder Art Arbeit bereit für den kleinsten Happen Essen, und wenn es nur Kartoffelschalen wären, bloß damit sie nicht betteln müsse. Wir konnten ihr nicht helfen und mußten sie wegschicken, so leid es uns tat. Jetzt aber, in der Zeit der Zuckerrüben, half sie tagsüber bei der Hausarbeit und durfte essen, soviel sie wollte. So konnte ich mit Katica mehr Zeit im Freien zubringen. Ich war wieder bei Kräften, konnte sie auf den Arm nehmen, im Sonnenschein ums Haus tragen. Alle blieben stehen und bewunderten das eingemummelte Baby, das freundlich lächelte.
Die Sache mit den Zuckerrüben mußte geheim gehalten werden, denn sie war nicht ungefährlich. Einen Nachbarn aber weihte Elemér ein, zum nächsten Ausflug nahm er ihn mit. Der Mann war groß und robust, aber nicht sehr geschickt. Ein Posten bemerkte ihn, schoß und nahm die Verfolgung auf. Zum Glück konnten er und Elemér durch den Zaun entkommen. Trotz dieses riskanten

Zwischenfalls und trotz meiner Bitten, daheim zu bleiben, zog Elemér wieder los, als unser Rübenbestand abnahm.
Es vergingen mehrere Wochen. Bis uns plötzlich, von heute auf morgen, ein solcher Zuckerrübenekel befiel, daß wir meinten, wir würden sterben, wenn wir nur noch einen Bissen in den Mund nähmen. Aber da hatten wir bereits etliche Säcke Zuckerrüben aufgebraucht, und wir strotzten vor Kraft. Wir hatten den Winter überstanden und waren gerettet.

Erstes Frühjahr

Wir mußten Téli wegschicken. Immerhin ging sie gekräftigt ihrer ungewissen Zukunft entgegen. Die Hauptrolle unserer Ernährung fiel nun wieder an die gelben Erbsen zurück, anders gesagt, es hieß wieder hungern. Doch triumphal hielt der Frühling Einzug und übermalte die düsteren Farben. Katica mußte nicht mehr dauernd warm eingewickelt sein. Sie konnte sich frei auf der Pritsche bewegen. An den ersten Tagen versuchte sie sich auf dem Korridor im Gehen. Hilfe benötigte sie nur ganz am Anfang, es dauerte nicht lange, und sie konnte nicht nur gehen, sondern sie flitzte, sie kam wie ein Vögelchen mit ausgebreiteten Armen auf mich zu geflogen. „Katica kann rennen", hieß es im Haus, und es war eine Sensation. Wie glücklich ich war! Um diese Zeit begannen wir auch, Katica in dem Faßunterteil zu baden. Am Abend machten wir Wasser warm, und sie plantschte darin mit lautem Gekreisch. Unser dunkles Loch war voll mit begeisterten Nachbarn.
Von der Außenwelt erfuhren wir nichts. Nachrichten über den Krieg und anderes drangen nicht bis in unser Lagerleben. Hier atmeten wir erst einmal auf, daß es wärmer wurde. Die Menschen kamen aus der Enge der Räume gekrochen. Draußen erwartete sie plötzlich ein großer Hof mit grünen Bäumen und Büschen. Man lernte sich näher kennen, unterhielt sich, ging gemeinsam spazieren, und natürlich wurde auch getratscht, denn der Frühling machte sich unverzüglich daran, erste Liebesbande zu knüpfen.
Nun begann die Meldesaison. Die grünen Blätter der Melde ähneln dem Spinat, schmecken aber nicht so gut. Melde wuchs reichlich auf dem Hof. Ich pflückte jeden Tag ein Mittagessen. Die Melde kam uns sehr recht, denn seit den Zuckerrüben hatten wir keine Abwechslung mehr kennengelernt. Die Blätter wurden in Wasser gekocht, ich konnte sogar eine Spur Salz beigeben, und mit viel Phantasie dachten wir uns die Wonnen einer Mehlschwitze dazu. Wir aßen die Melde so begeistert wie seinerzeit die Zuckerrüben. Aber das Ende war das gleiche: Nach einigen Wochen sagten wir: Nie wieder Melde, und wenn wir vor Hunger sterben! Der Verzicht fiel uns diesmal jedoch nicht sonderlich schwer, denn inzwischen besserte sich das, was wir aus der Werksküche bekamen. Wir ent-

deckten mehr Hirsekörner darin, und gelegentlich schwamm sogar ein Stückchen Fleisch obenauf.
Rózsi hatte ein Loch in einem Zahn. Ich erkundigte mich nach einem Zahnarzt. Alle wunderten sich. „Wer kümmert sich hier und jetzt um solche Nichtigkeiten? Den Krieg überleben wir doch sowieso nicht!" Das war die allgemeine Meinung. „Mag sein", entgegnete ich, „trotzdem wollen wir aber alles so machen, als ob wir sicher wären, daß wir ihn überleben. Deshalb muß der löcherige Zahn plombiert werden." Schließlich fand sich jemand, der einen Zahnarzt kannte.
Ich ging mit Rózsi hin. Wir sperrten Mund und Nase auf: ein weißgedeckter Tisch, darauf Porzellanteller und Gläser. Alles vorbereitet für das Mittagessen. Dann bestaunten wir die Stühle, die Schränke, das Bett mit einer Überdecke. Unvermutet waren wir in eine Welt des Wohlstandes geraten. Was ist das für einer, der so in Saus und Braus lebt? Der Zahnarzt – oder vielleicht war er einfach nur Dentist, ich weiß es nicht – war ein Deportierter wie wir, er hatte bei einer ukrainischen Familie ein Zimmer gemietet und empfing dort auch seine Patienten. Die meisten Patienten waren Ukrainer. Er erzählte, die Instrumente paßten in eine Tasche, der Bohrapparat mit Fußantrieb sei zerlegbar. Das alles habe er mitnehmen können, so daß sein Lebensunterhalt hier gesichert sei. Nachdenklich traten wir später den Heimweg an. Das Gesehene hatte uns aufgewühlt. Das menschenwürdige Leben, die Erinnerung an Vergangenes, das schon lange unwirklich erschien wie ein seit langem ausgeträumter Traum – es kam uns vor wie nicht von dieser Welt.
Unseren Männern erzählten wir, was wir gesehen hatten, als große Sensation. Wir redeten viel darüber und kamen zu der Überzeugung, daß ein Zahnarzt, wenn er sogar hier ein so großer Herr ist, überall über die Runden kommt.
Rózsis Entbindung stand bevor. Sie war mager und ausgehungert, ihr Bauch riesig. Ernö schreckte vor keiner Arbeit zurück. Einmal übernahm er die Reinigung des Aborts und bekam siebzig Rubel dafür. Er kaufte Zucker, Öl, Brot und Mehl, verzichtete selbst aber auf alles, nur Rózsi sollte essen und Kraft für die Geburt sammeln. Er besorgte auch Kartoffeln, Zwiebeln und trockene Bohnen. Rózsi, die so oft geweint hatte vor Hunger, schwieg jetzt. Als die Wehen einsetzten, lief Ernö zu Fanja, der Geburtshelferin, mit der wir alle befreundet waren. Er traf sie nicht an. Es blieb nichts anderes

übrig, als daß ich sie vertrat. Elemér hackte draußen auf dem Hof Holz, Ernö stand aufgeregt neben mir, und ich gab Rózsi die Anweisungen: „Atmen, pressen, atmen, pressen ..." Ich erinnerte mich noch an meine Entbindung, sie war ja erst einen Winter her. Endlich, in der letzten Minute, traf Fanja ein, und sie schnitt die Nabelschnur durch. Rózsi brachte einen Sohn zur Welt, einen hübschen, gut entwickelten Jungen.

An den folgenden vier, fünf Tagen brachten wir allesamt Opfer, damit Rózsi sich richtig ernährte und Milch produzieren konnte. Wir gaben ihr Kümmelsuppe mit echter Mehlschwitze und einem ganzen Ei darin. Und sie bekam Kartoffeln in Öl, aber es bildete sich dennoch keine Milch. Das Kind schrie, es hatte Hunger. Mir blieb keine Wahl, ich stillte es. Es war möglich, weil ich selbst nach der Geburt des kleinen Jungen noch drei Monate lang Katica stillen konnte. Milch hatte ich reichlich.

Jetzt waren wir zu sechst im Zimmer. Wir waren eine gute Gemeinschaft, alle Nahrung wurde gleichmäßig geteilt, unabhängig davon, wer sie beschafft hatte, wessen Sachen eingetauscht worden waren. Das war Gesetz.

Aber wenig später wurden unsere beiden Familien plötzlich getrennt. Es hatte sich das jüdische Komitee für Arbeitsorganisation konstituiert, ein Organ, bei dem die rumänischen Behörden ihren Arbeitskräftebedarf anmelden konnten. Im Getto gab es keine offizielle Registratur der Juden und auch keine Personalausweise. Wenn ein amtliches Organ Arbeitskräfte benötigte, wurde die jüdische Leitung gezwungen, den Befehl auszuführen. Dann zog die sogenannte jüdische „Polizei" von Haus zu Haus und suchte die Leute zusammen. Fachkräfte wurden zu ständigen Arbeiten herangezogen. So kam es, daß Ernö in der städtischen Tischlerei beschäftigt wurde. Wer dort arbeitete, durfte sich mit einer schriftlichen Erlaubnis auch außerhalb des Gettos bewegen. Ernös Tagelohn waren zweihundert Gramm Brot. Aber neben der offiziellen Arbeit fertigte der nun noch manch andere Dinge für die Beamten an, wie Bilderrahmen und Kästchen. Dafür gaben sie ihm ein bißchen Zucker, Öl oder Brot.

Ernö zog mit Frau und Kind in ein gutes, helles Zimmer außerhalb des Werksgeländes, aber noch im Getto. Dort wohnten sie mit Fanja, der Hebamme, und deren Freundin zusammen. Später, in den Jahren 43/44, konnten Ernö und Rózsi sich weiter verbessern, als ein Ingenieur namens Szilágyi die Leitung des Landwirtschaftsamts übernahm. Er war ein freundlicher Mann, der den dort arbeitenden Juden viel half.

Ernös und Rózsis Auszug brachte auch uns eine Erleichterung, denn nun lebten nicht mehr sechs Menschen in dem engen Raum, sondern nur noch drei.

Nach dem langen, kalten Winter atmeten wir regelrecht auf. Unser Leben änderte sich. Ich ließ den ganzen Tag die Tür offen, vom Korridor sickerte ein wenig Licht herein, die Funzel brauchte nicht mehr zu brennen. Katica spielte unter den Augen meiner Freundin Ruth den ganzen Vormittag über im Freien. Ruth liebte Katica, als wäre sie ihre eigene Tochter. Einen besseren Zeitvertreib konnte sie sich nicht denken. Denn sonst hatte sie ja nichts zu tun, die Hausarbeit war für ihre Mutter und ihre Tante eine Kleinigkeit. Nach dem Mittagessen legten wir Kati schlafen, und ich holte Elemér aus der Fabrik ab, von wo wir dann zusammen durch den Sonnenschein und durch die üppige, wilde Natur nach Hause gingen. Ja, alles Schöne hatten sie uns nicht wegnehmen können! Dieser ukrainische Frühling war so reich, zauberhaft und Hoffnung weckkend, wie ich es mir während des Winterelends nie hätte ausmalen können. Uns fehlte nicht mehr viel zum Glücklichsein.

Aber natürlich ließ uns all das nicht den ständigen Hunger vergessen. Wir sprachen nicht mehr darüber, aber er peinigte uns beim Aufstehen und beim Schlafengehen, am Tag und in der Nacht. Eines Tages hatte ich die Idee, meine Wintermütze zu tauschen, da es ja jetzt warm war. Elemér war dagegen, aber ich machte den Tausch trotzdem. Ich bekam für die Mütze einen Liter Öl und ein kleines Stückchen Butter. Mein Plan war es, jeden Tag einen Eßlöffel Öl in die Mittagssuppe zu geben. Das wird schmecken! Sagte ich mir mit Vorfreude und schätzte, für wie viele Tage das Öl ungefähr reichen würde. Ich war allein zu Hause, und die Versuchung, das Öl zu kosten, war groß. Ich hob die Flasche an den Mund und nahm einen Schluck. Vielleicht glaubte ich es wirklich, als ich mir sagte: noch einen zweiten, aber mehr nicht! Doch dann war ich im Rausch. Ich konnte die Flasche nicht mehr von den Lippen nehmen. In wenigen Augenblicken leerte ich sie, ohne Luft zu holen, wie in Ekstase. Ungefähr einen Fingerbreit ließ ich auf dem Boden der Flasche zurück. Eine ferne, leise Stimme in meinem Innern sagte: Es ist gemein, was du tust, aber ich trank und trank, als wären sämtliche

Moralgesetze der Welt außer Kraft gesetzt. Als ich den winzigen Rest in der Flasche sah, erschrak ich und hatte das Gefühl, eine nicht wieder gutzumachende Sünde begangen zu haben. Trotzdem erfüllte mich ein großartiges Gefühl, ich spürte, wie das Öl sich bis in meine Zellen verzweigte – ein lebensspendender Stoff, den ich seit unendlichen Zeiten entbehrt hatte. Wenn ich tief in mich hineinhorchte, meinte ich, daß ich keine Reue empfand und daß die Scham über mein Tun ein wenig aufgesetzt war. Und doch war es eine Sünde: Ich hatte meinem Mann und meinem Kind etwas weggenommen.
Als ich Elemér davon erzählte, wunderte er sich ein bißchen, meinte aber, es sei richtig gewesen. Wir gingen zur Tagesordnung über, was blieb uns übrig? Der wirkliche Verlierer war eigentlich Elemér, denn für Katica blieben wenigsten ein paar Kaffeelöffel Butter übrig.
Elemér hätte so etwas nie gemacht.
Wenn ich schon gerade dabei bin, will ich auch erzählen, daß sich ein paar Wochen später noch einmal etwas Ähnliches ereignete. Elemér verkaufte eine selbstgebaute Säge. So hatten wir ein paar Mark. (Anfangs galt der Rubel, später dann hauptsächlich die deutsche Mark und die rumänischen Lei.) Katicas Hauptnahrungsmittel war noch immer Brot mit Zucker, daneben gelegentlich Kartoffeln und etwas Butter. Muttermilch bekam sie jetzt nur noch wenig. Um für eine abwechslungsreichere Speisekarte zu sorgen, beschlossen wir, ein halbes Kilo Maismehl zu kaufen. Was ohne jeden Zweifel ein Zeichen des Wohlstands war. Ich ging auf den ukrainischen Markt, der ein sonderbarer Markt war. Die Kartoffeln wurden stückweise verkauft, das Maismehl Weinglasweise, überhaupt erhielt man alles in Apothekenmengen und unverschämt teuer. Während unserer gesamten Zeit in der Ukraine war ich nur zweimal auf dem Markt; dort einzukaufen war der Gipfel des Luxus. Ich kaufte einige Weingläser Maismehl und trug es glücklich in einem Leinensäckchen nach Hause. Aber wieder führte mich der Satan in Versuchung, ich kostete von dem Mehl. Es hatte einen überwältigenden Geschmack. Also noch ein bißchen. Und noch ein letztes Mal. Bis das Säckchen leer war.
Mit dem Maismehl ging es mir also genauso wie mit dem Öl. Ich durchschaute mich als rückfällige Sünderin und bewertete diesen Mangel an Selbstbeherrschung nun wirklich als ein Problem. Bis

heute verstehe ich nicht, was mit mir passiert war. Nie zuvor hatte ich so etwas getan, nicht einmal in der höllischen Kälte und der bösen Hungerszeit, als es mir doch viel schlechter gegangen war. Immer hatte ich meinen Hunger beherrschen können, aber jetzt, wo die Verhältnisse wesentlich besser waren als im Winter, konnte ich mich schon zum zweiten Mal nicht zügeln. Ich war auch nicht getröstet, als Katica den feinen Maisbrei, den ich aus dem kläglichen Rest Mehl kochte, verächtlich ausspuckte.
Und es erging mir noch ein drittes Mal so, wenn auch in milderer Form. Ein weiterer „Luxus": Ich erstand auf dem Markt drei Kartoffeln. Eine aß ich Biß für Biß auf dem Heimweg auf. Sie schmeckte königlich, sie war prallvoll mit unerforschlichsten Geschmacksgeheimnissen. Ich muß sehr hungrig gewesen sein. Wenigstens rettete meine Selbstbeherrschung diesmal die beiden anderen Kartoffeln.
Ein paar Tage später vollendete Katica ihr erstes Lebensjahr. Der Geburtstag stand vor der Tür. Sie wußte nicht, was ein Spielzeug war. Wenn sie eine Puppe hätte! Nicht einmal aus Lumpen konnte ich ihr eine machen. Ich sprach mit Elemér über meinen Kummer. Nicht lange, und er kam mit einem Stück Plakat heim, etwa vierzig mal vierzig Zentimeter. Darauf ließ sich eine schöne Puppe zeichnen. Ich suchte die seit unserer Deportation unberührten Buntstifte hervor und betrachtete aufgewühlt die Farben, ließ mich aber nicht verführen, sondern ging an die Arbeit. Ich malte eine Puppe mit einem hübschen runden Gesicht, großen blauen Augen und so langen schwarzen Wimpern, wie Katica selbst sie hatte. Schulterlanges blondes Haar, eine große rote Schleife, ein hellblaues Rüschenkleid mit weißen Blumen, rote Schuhe. Elemér schnitt die Puppe mit einer Säge aus. An der Puppe war nichts auszusetzen, höchstens, daß sie nur zweidimensional war. Aber sie war schön, besonders für jemanden, der eine echte Puppe noch nie gesehen hatte.
Was für ein Geburtstag! Das ganze Haus feierte. Keine Ahnung, woher sie all die schönen Blumen hatten. Die Blumen füllten unser Zimmer. So etwas hatte man im Lager noch nicht gesehen! Ungläubig betrachtete Katica die Puppe, sie wagte sie nicht anzufassen. Wir redeten ihr alle zu: „Eine Puppe, schau, Puppe, nimm sie, deine Puppe!" Vorsichtig griff sie nach ihr, dann drückte sie sie an sich, küßte sie und wiederholte: „Puppe, Puppe." Auch die Nachbarn – Kinder und Erwachsene gleichermaßen – bewunderten die

Puppe. Sie galt als kleines Wunder. Sie war die einzige im Lager. Eine Familie aus der Nachbarschaft schenkte Kati noch ein Stück duftende Seife. Was für ein Luxus! Rosa Seife, in Seidenpapier gewickelt! Alle schnupperten daran, um sich einen Augenblick vom Duft der Vergangenheit berauschen zu lassen. Und dann brachte ein Besucher ein Omelett aus zwei Eiern. Es war ein Ereignis ersten Ranges. Das Omelett wäre Katis Geburtstagsessen gewesen, aber sie spuckte es angeekelt aus. Davon profitierte natürlich ich. Ich fühlte mich im siebten Himmel. Omelett! Davon träumte man ja nicht mal.

Die Feier setzte sich am Nachmittag fort und erreichte ihren Höhepunkt, als Ernö mit Rózsi und dem Baby kam. Sie wurden umringt und mit tausend Fragen bestürmt. Dazu gab es allen Grund. Wie sie Einzug hielten, war imposant. Rózsi schob, so unglaublich es klingt, einen Kinderwagen. Wie eine Königin. Einen kleinen Kinderwagen, ein Eigenbau Ernös, des genialen Tausendkünstlers. Im Wagen Kopfkissen, Bettdecke sowie, hübsch gekleidet, blond, blauäugig und gesund, der kleine Sohn, einen Monat alt! Jeder mußte da einfach hineinlugen und staunen. Als Geschenk brachten sie ein kleines Weißbrot mit, ein weiterer Anlaß zur Bewunderung.

Den dreien ging es gut. Ernös Fleiß und Ideenreichtum trug Früchte. Er schnitzte Holzsohlen und befestigte daran Riemen aus Leinen. So entstanden prächtige Holzsandalen, die obendrein billig waren. Ich bekam ein Paar geschenkt. Eine schöne Sache. Außerdem machte er aus schmalen kleinen Holzleisten Handtaschen, auch sie sehr hübsch. Die wurden aber nur von den „Reichen" gekauft. Ich habe es nie jemandem gesagt, aber ich verging fast vor Sehnsucht nach so einer Handtasche.

Von dem geschenkten Weißbrot wollte die kleine Kati nicht essen. Sie spie es aus, wie so viele Delikatessen. Ich verarbeitete es zu einem gesüßten Brei. aber auch das half nicht. Ich war wütend und verzweifelt. Sie wollte nur den Brei aus dem sauren, klebrigen Brot, und den am liebsten ohne Zucker. Den weißen Brei aß ich selbst, und mir kam er vor wie das Feinste von der ganzen Welt. Aber ich war nicht froh beim Essen, weil ich meinem Kind nicht helfen konnte. Wir besorgten unter Mühen gute, nahrhafte Sachen, und sie spuckte alles immer nur aus! Gemüse mußte her.

Es traf sich gut, daß die Werksleitung vorschlug, den überwiegend brach liegenden riesigen Hof, der zum Haus gehörte, unter den Familien aufzuteilen und als Garten zu nutzen. Wir bekamen Sämereien und gingen an die Arbeit. Uns gab man ein L-förmiges Stück von 20 bis 25 Quadratmetern, unglücklicherweise jedoch ein gepflastertes. Elemér brach das Stück mit einer Spitzhacke auf und trug die Unmenge Steine weg. Wir säten Gemüse: Möhren, Petersilie, rote Rüben, Kartoffeln, Tomaten, Schoten. Von allem einen kleinen Streifen. Der Frühling und der Sommer waren trocken und heiß, es regnete nicht. Elemér holte das Gießwasser aus hundert Metern Entfernung. Für das Jäten war ich zuständig. Wie sich nachträglich zeigte, hätten wir auf das gewissenhafte Gießen verzichten können, denn von dem erstklassen ukrainischen Boden ernteten auch die reichlich, die nicht bewässerten. Die Erträge waren erstaunlich. Das kleine Stück Boden wurde ein üppiger Garten. Alles wuchs ins Riesige, aber von allem wuchs eben nur wenig. Elemér bastelte für Katica aus Eisenrohren ein Stühlchen mit einem Tisch, die Sitzfläche bestand aus Gurten. Dort aß sie ihr Frühstück und ihr Mittagessen, sie bekam jeden Tag frische Tomaten und mittags Gemüse. Das größte Wunder war, daß es ihr schmeckte.

Als es gegen Ende des Frühjahrs warm wurde, beschlossen in unserem traurigen, hoffnungslosen Leben die jungen Leute, ein Kulturprogramm zusammenzustellen, und es war, als klammerten sie sich auf diese Weise an das Schöne und Menschliche. Talente gab es genug. Das Programm bestand aus den folgenden Beiträgen: jüdische und rumänische Solo- und Gruppentänze, Solo- und Chorgesang, Einzelrezitation und Rezitationschor, spaßige und tragische Sketche, Geigenmusik. Jemand hatte tatsächlich seine Geige behalten. Jetzt spielte er darauf jüdische und rumänische Volkslieder und beendete dann das Programm mit klassischer Musik.

Mogiljow hatte damals einen anständigen Bürgermeister, der aber schönen Frauen nicht widerstehen konnte und ihnen in großen und kleinen Dingen gern einen Gefallen tat. Doch nie mißbrauchte er seine Stellung, nie berührte er eine unschicklich. Zu diesem Bürgermeister ging nun eine Delegation und bat um die Erlaubnis für die Veranstaltung. Der Bürgermeister gab ihnen nicht nur die Erlaubnis, sondern auch Bretter und Nägel, damit sie eine kleine Bühne errichten konnten.

Die Bühne wurde auf einem größeren Hof aufgebaut, der Tag der Veranstaltung festgesetzt und der Bürgermeister eingeladen. Alle waren gespannt, alle sehnten sich nach etwas Schönem und sicherten sich rechtzeitig einen Platz. Könnte ich nur beschreiben, was ich empfand! Hätte ich in einem berühmten Theater von New York oder London inmitten supereleganter Damen und Herren auf ein einmaliges und außerordentliches Programm gewartet, wäre ich nicht glücklicher, stolzer und erwartungsvoller gewesen. Die Bänke füllten sich, viele Zuschauer mußten stehen. Mit der Vorstellung konnte natürlich erst begonnen werden, wenn der Bürgermeister da war. Das Publikum und die Künstler warteten aufgeregt. Endlich kam er, nicht einmal mit großer Verspätung, und nahm mit seinen Begleitern in der ersten Reihe Platz. Das Ganze war wie in einem Zaubermärchen: die Tänze, der Gesang, alles – als hätten Künstler noch nie so etwas vollbracht, als würden Künstler nie wieder so etwas vollbringen. Natürlich wertete meine überhitzte Phantasie und Empfindsamkeit, die immer zu Übertreibungen neigte, das Ereignis so auf. Aber davon abgesehen machten sie es wirklich geschickt und talentiert. Jeder gab alles. Das Programm war ein großer Erfolg, zu unserer Zufriedenheit klatschte auch der Bürgermeister Beifall.

Der wundervolle Tag verging, aber die Erinnerung an ihn hat sich so in meinem Herzen eingenistet, daß mir noch heute die Tränen kommen. Kann man ein Volk ausrotten, das unter solchen Umständen zu dieser Leistung fähig war? Nein! Weder Hitler noch seine künftigen Nachfolger werden dieses Volk vernichten können! Während und nach dieser Veranstaltung verfestigte sich in mir – und sicherlich in vielen – diese Überzeugung und verlieh neue Kraft.

Der humane Bürgermeister war allerdings mit einer ausgesprochen bösartigen Antisemitin verheiratet, die die Jüdinnen haßte und ihnen Schaden zufügte, wo sie nur konnte. Sie hetzte und intrigierte gegen ihren Mann, bis er zum großen Bedauern aller aus Mogiljow versetzt wurde.

Zur Wahrheit gehört, daß die Veranstaltung ohne die Nachrichten, die wir in dieser Zeit erstmals von den Niederlagen der Naziarmee erhielten, nicht denkbar gewesen wäre. Eine neue Hoffnung machte es uns in vielem leichter. Und die Gießerei produzierte mit Gewinn, also hatte sich das Projekt bewährt. Nicht zuletzt aus diesem Grund war auch die Kulturveranstaltung möglich geworden. Doch das Ziel Hitlers, uns zu vernichten, hatte sich nicht verändert, man mußte sogar fürchten, daß wegen des Kriegsverlaufs alles noch schlimmer würde.

Aber in dem Maß, in dem der Druck ein wenig nachließ, empfanden wir unser Schicksal als leichter. Dazu neigt unser jüdisches Volk. Aber die winzigen Verbesserungen betrafen nur das Werk und seine Umgebung. Die Leute im Getto waren noch immer zum Tode verurteilt.

Erster Sommer

Was wir in unserem Garten ernteten, reichte trotz all der guten Erfolge nicht aus. Zum Sattwerden brauchten wir mehr. Abends, wenn es einigermaßen dunkel war, schlichen sich Elemér und Ruth in ein nahes Maisfeld. Ich stand Schmiere, neben mir die Kiste, inzwischen auf Rädern, mit Katica drin, als hätte ich meine Tochter nur zum Luftschnappen ausgefahren. Elemér und Ruth brachten Maiskolben und Futterkürbisse, wir versteckten sie im Wagen. Zu Haus wurde dann verteilt. Ruths Familie war groß und so hungrig wie wir. Aber in dieser Zeit lebten wir gut. Mit den gelben Erbsen war es vorbei, wir hatten nichts mehr, was wir hätten eintauschen können, doch nun gab es ja unseren gekochten Mais und gedünsteten Kürbis. Ende Juni, als sie dreizehn Monate alt war, entwöhnte ich Kati endgültig von meiner Milch.

Durch Ernö lernten wir einen Soldaten kennen, einen jungen Ungarn aus Temesvar, der in Mogiljow diente. Als ich hörte, er würde im Urlaub nach Hause fahren, fiel mir ein Bekannter aus meiner Kindheit ein, den es aus Marosvásárhely nach Temesvar verschlagen hatte. Aber ich wußte seine Adresse nicht. Ich überredete den Soldaten, einen kleinen Zettel mitzunehmen, den sollte er dem Bekannten geben, falls er ihn ohne besondere Mühe, allein nach dem Namen und dem Beruf, ausfindig machen könnte. Auf ein Blättchen Zigarettenpapier schrieb ich mit kleinen Buchstaben: „Sind mit Mann und Kind nach Mogiljow deportiert. Kind braucht Impfung. Wenn möglich, schickt Impfstoff und etwas Hilfreiches." Als der Soldat aus dem Urlaub kam, erzählte er: Gleich am ersten Tag habe er, als er aus der Tür trat, am gegenüberliegenden Haus ein Schild gesehen: Dr. Pál Szilárd, Rechtsanwalt. Mein alter Bekannter. Sofort ging er zu ihm. Und mein Bekannter hatte ihm Impfstoff und Geld mitgegeben. Für uns war dieses Geschenk eine riesige Hilfe.

Ein Nachbar, der Kinderarzt war, impfte Katica und nahm dafür kein Geld. Eine große Sorge weniger. Wir sahen überall erwachsene Ukrainer, die seinerzeit, während der Revolution, keine Impfung bekommen und jetzt pockennarbige Gesichter hatten. Wir konnten nicht wissen, was für Seuchen und Krankheiten uns erwarteten, und wir wollten Katica vor ihnen bewahren, so gut es ging.

Daß Mais und Kürbisse verschwanden, blieb nicht unentdeckt. Die Bewachung der Felder wurde verstärkt. Das offizielle Essen war zwar ein klein wenig besser geworden, aber niemand wurde davon satt. Mit dem Geld von Pál Szilárd besserten wir unsere Verpflegung auf. Ich kaufte Öl, Mehl und Seife. In die Hirsesuppe, die wir bekamen, gab ich eine Mehlschwitze. Zuweilen gönnte ich mir den Luxus, ein wenig davon aufs Brot zu streichen, bevor ich Wasser zugoß. Mich wunderte, warum wir zu Hause, in den guten alten Zeiten, als es alles noch reichlich gegeben hatte, das Brot nicht mit Mehlschwitze bestrichen hatten, wo es doch so wunderbar schmeckte. Bald war es unsere größte Delikatesse. Manchmal wurde ich übermütig und bestrich das Brot dick mit dunkler Mehlschwitze. In dieser Zeit waren wir alle drei gut bei Kräften. Katica verbrachte den ganzen Tag auf dem Hof, hauptsächlich paßte Ruth auf sie auf. Sie liebte Katica so sehr, daß ich glaube, ihr eigenes Kind hat sie später nicht mehr so geliebt. Doch nicht nur Ruth, das ganze Haus kümmerte sich um Katica.
Von ganz wenigen Ausnahmen abgesehen, verrichteten die Frauen in unserer Umgebung nur Hausarbeiten. Jede arbeitete für ihre Familie. In die Fabrik gingen bloß die Männer. Viele Hausarbeiten gab es nicht, doch sie waren schwer, weil es an Geräten fehlte. Das Wasser mußte von weit her geholt werden, kaum jemand hatte einen Zugeimer und deshalb mußte man herumlaufen, bis man einen geliehen bekam. Und so gab es noch unzählige ähnliche Schwierigkeiten. Die Frauen holten auch das sogenannte „Mittagessen" ab, was ein langes Schlangestehen bedeutete und im Sommer beinahe Spaß machte, aber im Winter umso härter war.
Nach dem endlosen schrecklichen Winter waren wir erleichtert, daß schon im Juni die Sommerhitze kam. Besonders die jungen Leute nutzten das schöne Wetter. In einem entlegenen Teil des Hofes, hinterm Gebüsch, richteten sich die Frauen einen Fleck zum Sonnen ein. Dorthin legten wir uns, wenn die Arbeit getan war. Wir tratschten wie in den guten alten Zeiten, sonnten uns um die Wette, besprachen, wer was für eine Figur hatte. Unser Haus mit seinen rund einhundert Bewohnern war bekannt dafür, daß dort viele gut aussehende Frauen wohnten. Wir veranstalteten einen Schönheitswettbewerb, bei dem zwei Schwestern gewannen, Eszter und Malcea, dunkel wie Zigeuner und sehr attraktiv. Dritte wurde eine goldblonde, blauäugige junge Frau. Ich war Vierte, ein charmantes

junges Mädchen Fünfte. Ich freute mich sehr über meinen Platz unter den fünf Schönsten.

Ruth und ich hatten noch ein anderes Vergnügen: Wenn alle, auch Elemér, ihren ersten tiefen Schlaf schliefen, schlichen wir uns hinaus und gingen auf dem Hof spazieren. Wir nannten das unsere „Mondscheinpartys", niemand wußte davon, das machte die Sache noch interessanter. An diesen Abenden, in diesen frühen Nachtstunden wurde unsere Freundschaft besonders eng. Wir öffneten uns füreinander, sprachen über unser Leben, unsere Vergangenheit. Über die Zukunft wagten wir uns nicht zu äußern, was hätten wir denn auch sagen können, sie drängte sich nur in einer einzigen Frage zusammen: Werden wir sie erleben? War doch einmal von der Zukunft die Rede, wurde bloß allgemein darüber gesprochen, wer was essen würde. Jeder wußte vom andern, was er essen würde, denn alle hielten jeweils an ihrer fixen Eß-Idee fest.

So unglaublich es klingt, wir haben bei diesen Spaziergängen viel gelacht und herumgealbert. Unsere tragische Situation war in diesen Stunden völlig vergessen. Die späten Abende im Sommer waren so warm und schön, die Luft, der Himmel, die Wolken und die Bäume so berückend, daß wir ganz betrunken davon waren. Wir fanden das Leben wundervoll und mochten nicht an die Wirklichkeit denken.

Was wir machten, war eigentlich leichtsinnig, wir setzten uns vielen Gefahren aus. Niemandem außer uns beiden kam so etwas in den Sinne. Gerade deshalb gelang es uns aber, die nächtlichen Ausflüge geheim zu halten. Tatsächlich paßte die Vorsehung auf uns auf, denn nie gab es Probleme. Elemér merkte nichts, wenn ich mich weit nach Mitternacht wieder zu ihm legte.

Ich war sehr erstaunt, daß Ruth sich noch nie verliebt hatte, wo sie doch schon zweiundzwanzig war. „Kannst du dir vorstellen," sagte ich zu ihr, „daß ich immer verliebt gewesen bin, so lange ich zurückdenken kann? Ich bin schon verliebt auf die Welt gekommen!" – „Wie das denn?" fragte Ruth. „Ganz einfach, ich war gerade erst fünf, da habe ich staunend beobachtet, wie die zitronengelben Strahlen der Wintersonne auf die Pflanzen des großen weißen Blumenregals vor dem Fenster fielen. Es waren üppig wachsende Pflanzen, und ich hörte, wie die Lichtstrahlen mit den kleinen und großen blauen Schatten wisperten, die über die großen grünen Blätter huschten. Alles war Geheimnis und Wunder, ich verstand es nicht,

aber ich ahnte, daß dieses Gefühl die Liebe war. Es war ebenso schmerzhaft unbegreiflich, ebenso quälend schön und beglückend wie später die Liebe selbst." „Wie poetisch du das gesagt hast", stellte Ruth fest, und es klang respektvoll. „Aber ich habe nie Gedichte geschrieben", fuhr ich fort, wenn auch alle Lehrer meinten, meine Zeichnungen seien wie Poesie. Wie schön wäre es, Dichter zu sein! Dichter brauchen nur Papier, Stift und eine stille Ecke, schon können sie Farben, Formen, Bewegung und Musik schöpfen, sogar im Dunkeln. Im Winter habe ich für Katica Wiegenlieder gedichtet, und wie von selbst haben sich Melodien dazu eingestellt."
Den größten Spaß bereitete uns das Wäschewaschen am Ufer des Dnjestr. Das Wasser war seidig und weich, es eignete sich bestens zum Waschen ohne Seife und ermöglichte zudem abwechslungsreiche Vergnügungen. Wir lachten und kreischten vor Freude, wenn das seidige Wasser in der Sommerhitze unsere Haut streichelte. Diese Musik des Wassers, seine Güte, seine Umarmungen! In unserem aller Schönheit beraubten Leben wollte die Freude zu ihrem Recht kommen. Wir hatten einige Tage und Stunden voller Leben dort am Fluß, wenn uns die Sonnenstrahlen umfingen und uns der Wind umfächelte. Wie bisher überall, erregte ich Aufsehen mit meinem Schwimmen. Ich war die „Strandkönigin" von Mogiljow. In meiner Eitelkeit bedauerte ich nur, daß es kein Trampolin gab, von dem ich meine prächtigen Kopfsprünge hätte zeigen können, um wegen ihnen noch mehr bewundert zu werden.
Die unterschiedlichsten Leute kamen in der Sommerhitze baden: Ukrainer, rumänische Soldaten, Juden – alle, die wollten. Einmal sprach mich ein Soldat an, was ich denn unter den „Sträflingen" zu suchen hätte. „Ich bin genauso deportiert worden wie sie", antwortete ich. Er schüttelte den Kopf, er glaubte mir nicht. „Aber sie sehen doch aus wie eine Tänzerin", sagte er.
Elemér erfuhr vom Waschen am Dnjestr und den damit verbundenen Vergnügungen, und es gefiel ihm gar nicht. Er verbot mir, weiter dort hinzugehen. Er konnte meine Begeisterung für das Flußwasser nicht teilen, wo die Sachen so schön sauber wurden und wo sie dann, über den Steinen ausgebreitet, in der Sonne trockneten, es mußte kein Wasser getragen werden, man brauchte keine Seife, obendrein konnten wir schwimmen und uns sonnen. Elemér blieb unbeugsam: „Ohne mich gehst du nicht mehr waschen!" Aber er mußte vormittags und nachmittags in der Fabrik sein.

Die anderen gingen weiterhin zum Fluß, ich hockte wutschnaubend zu Hause und beschimpfte Elemér innerlich als eifersüchtig und boshaft. Dann bereute ich, drückte seinen am Nagel hängenden Wintermantel an mich, bat ihn stumm um Verzeihung und schluchzte die Tränen meines jugendlichen Verlangens nach Fröhlichkeit in ihn hinein. Ich ging nicht mehr mit den andern waschen, aber es brodelte in mir. Eines heißen Tages ging ich schließlich doch heimlich wieder mit Ruth und Katica zum Fluß. Das Ufer war steil dort, nur wenige badeten. Ruth paßte auf die Kleine auf, ich schwamm mit kräftigen Zügen weit hinaus. Plötzlich bemerkte ich zwei halbwüchsige Ukrainer, die sich mir näherten und mich fangen wollten. Welche Absichten sie hatten, wußte ich nicht, aber bestimmt keine guten.
Vielleicht wollten sie mich ertränken, denn das hätte für sie keinerlei Folgen gehabt. Sie wußten das so gut wie ich. Erschrocken schwamm ich auf das Ufer zu. Sie mir hinterher, einer rechts, einer links. Zum Glück schwamm ich besser, ich erreichte vor ihnen das Ufer und kletterte blitzschnell den Steilhang hinauf. Ruth, die die Szene beobachtet hatte, hatte schon unsere Sachen aufgelesen und mit dem Kind die Flucht ergriffen. Ich hastete hinterher. Die beiden Halbwüchsigen folgten mir und schrien wütend etwas. Schließlich rettete mich ein vorbeikommender rumänischer Soldat, indem er giftige Drohungen in ihre Richtung ausstieß. Nach diesem Abenteuer ging ich endgültig nicht mehr an den Fluß. Elemér hatte recht gehabt, als er mich warnte.
Die „Mondscheinpartys" mit Ruth wühlten viele unterdrückte Träume und Sehnsüchte in meiner Seele auf. So war es nicht leichter, mir die verbannte Kunst vom Leib zu halten. Wenn ich allein im Zimmer war, griff ich manchmal nach meinem Skizzenheft und strich andächtig über die glatten weißen Blätter: Papier, liebes Papier, Bleistift, lieber Bleistift, ihr beide zusammen könnt musizieren und tanzen, vielleicht sogar beten. Nicht wahr, du möchtest, daß ich auf dich zeichne, aber wir müssen warten ... warte noch ... jetzt geht es nicht, erst wenn wir wieder leben werden.
Ich wußte, daß es Künstler gibt, die auch im Waffengeklirr arbeiten können, aber bei mir – die ich ja noch lernte – war die Muse verstummt.
Eines Tage kam deutsches Militär in die Stadt, glücklicherweise nicht die SS, sondern Techniker. Sie waren überall. Wir hatten Angst

vor ihnen, aber dann sahen wir, daß sie sich korrekt verhielten. Wenn sie uns auf der Straße entgegenkamen, sagten sie, so als hätten sie sich verabredet, fast alle dasselbe: „Eine schwarzhaarige Frau mit einem blonden Kind!" Oft hielten sie uns an und drückten mir einen Apfel, ein Stück Schokolade, ein Hörnchen oder eine andere Kleinigkeit für das Kind in die Hand. Dann ein freundliches Wort und sie gingen weiter. Nie taten sie uns etwas an.
Während des ersten Winters waren ungefähr achtzig Prozent der in Mogiljow lebenden Juden gestorben. Die meisten der Überlebenden erlebten später auch die Befreiung. Obwohl der Sommer unvergleichlich leichter war als der zurückliegende Winter, bestand das erste und oberste Problem der Lagerbewohner aber weiter in der Frage: „essen oder nicht essen". Der Hunger hielt an, Brot zu beschaffen war schwer, sehr schwer. Die Anwesenheit deutscher Soldaten sicherte manchen Familien ihr Auskommen. Die Soldaten wollten Mädchen kennenlernen, und natürlich stiegen sie nicht den plumpen Ukrainern nach, sondern den Jüdinnen. Viele Mädchen aus unserem Haus waren bald mit deutschen Soldaten bekannt. Es gab auch harmlose Beziehungen, wenn er und sie sich am Nachmittag auf dem Hof einfach nur unterhielten. Viele Soldaten brachten Zucker, Konserven und Brot mit. Ein deutscher Junge verliebte sich in unsere Nachbarin, die hübsche blonde Gica, die beim Schönheitswettbewerb Dritte geworden war, und er brachte ihr nicht nur Lebensmittel, sondern auch eine Menge Dinge, die sie zum Wohl ihrer ganzen Familie verkaufen konnte. Wie sich manche Mädchen revanchierten? Gegen Abend sah man mitunter Pärchen eng umschlungen hinaus ins Grüne spazieren. Was auch der Preis gewesen sein mag, es war nur allzu verständlich. Jeder klammerte sich an einen Strohhalm, um nicht zu verhungern.
Nicht alle deutschen Soldaten waren Engel. Im allgemeinen gab es zwar keinen Ärger, sie waren nett zu den Frauen, aber es befanden sich auch Schurken darunter, zum Beispiel beim Brückenbau, wo auch jüdische Männer arbeiten mußten. Dort banden sie einen jungen Mann an einen Strick und ließen ihn von der Brücke ins Wasser hinab, zogen ihn wieder herauf, dann ließen sie ihn wieder runter, und das wiederholten sie immer wieder. Und sie lachten grölend zu dem gemeinen Spiel.
So plötzlich, wie sie gekommen waren, verschwanden sie eines Tages auch wieder.

Daß ein jüdisches Mädchen aus dem Lager von einem einheimischen Ukrainer geheiratet wurde, kam auch öfter vor. Wie bei der Tochter der Gärtners seinerzeit. Das galt als großer Glücksfall, denn es bedeutete nicht nur ein menschlicheres Leben, sondern auch Schutz und Ausscheiden aus der Masse der Juden, wo ständig mit Überraschungen zu rechnen war. Eine offizielle Eheschließung war zwar nicht möglich, aber wilde Ehen waren durchaus verbreitet.
An einem schönen Sommermorgen wollte ich auf den Markt gehen, um einzukaufen. Auf dem Weg durch das Getto bemerkte ich eine große Gruppe Männer und Frauen, die von Soldaten umringt waren. Ich war drauf und dran, einem Uniformierten in die Arme zu laufen, da begriff ich, daß hier eine Menschenjagd stattfand, und lief davon. Das sah ein Posten, der die Straße bewachte, er lief hinter mir her und schnappte mich. Ein Gedanke durchzuckte mich: Katica, die mit der ahnungslosen Ruth zu Hause war und spielte. Dann: Elemér, der mich bei der Heimkehr aus der Fabrik nicht antreffen würde – und bis er es erführe, wäre es zu spät. Was sollte ich machen? Ich trug mein rotkariertes Kattunkleid und Ernös Holzsandalen, bei mir hatte ich einen kleinen Leinensack – ich hatte Mehl kaufen wollen – und zwei Mark. Der Soldat musterte mich durchdringend. „Wie heißt du, schönes Mädchen?" – „Lili", antwortete ich auf gut Glück. Er strich mir über die Wange. „Wo wohnst du?" – „Dort", sagte ich und zeigte auf ein Haus, wo Frau Herdán, eine gute Freundin von uns, mit ihren zwei Kindern lebte; ihr Mann war im Winter gestorben. „Wenn ich dich jetzt laufen lasse, kann ich dich dann heute Abend besuchen?" – „Ja", antwortete ich freundlich. „Und dann gibst du mir einen Kuß?" – „Wir werden sehen", sagte ich lächelnd. „Sei nett zu mir, du wirst es nicht bereuen. Antworte, bekomme ich einen Kuß?" – „Vielleicht sogar zwei!" Ich lachte ihn an. Er strahlte, er konnte kaum an sich halten, drückte meine Hand und begleitete mich bis zur Haustür. „Bis heute Abend", verabschiedete er sich.
Mein Herz klopfte wild, als ich die Treppe zu Frau Herdán hinaufstieg. Ich erwähnte mit keinem Wort, was vorgefallen war. Im Haus wohnten viele Menschen, alle warteten wie erstarrt, ob auch sie an die Reihe kommen würden. Aber glücklicherweise passierte nichts, draußen waren genug andere unterwegs, die sie sich schnappen konnten, bis die vorgeschriebene Anzahl erreicht war. Die Festgenommenen wurden direkt zur Bahnstation und in die

Waggons getrieben, und dann ging es ab über den Bug, zu den Deutschen.
Die Jagd war vorbei. Die Leute getrauten sich wieder auf die Straße.
Niemand, der in diese Transporte geriet, kehrte lebendig zurück. Wenn in den deutschen Arbeitslagern hinter dem Bug die jüdischen Arbeitskräfte ausgingen, kamen sie bis in das Gebiet von Mogiljow, um Nachschub einzufangen. So war es auch diesmal gewesen.
Ich rührte mich eine Woche nicht aus dem Haus. Ein paar Tage nach dem Vorfall kam uns Frau Herdán besuchen und erzählte etwas Sensationelles. Am Abend nach der Menschenjagd sei ein Soldat ins Haus gekommen, der nach einer gewissen Lili suchte. Niemand kannte eine Lili. Er sei von Stube zu Stube gegangen und hätte jedem mit der Taschenlampe ins Gesicht geleuchtet. Sein Ärger sei immer größer geworden, er habe unter die Betten geschaut, alles durchwühlt, gebrüllt und damit gedroht, daß er sämtliche Bewohner erschießen würde, wenn sie das Mädchen nicht herausgäben. Inzwischen wußte er vermutlich, daß man ihn hinters Licht geführt hatte. Er rannte auf den Hof hinaus, brüllte dort herum und ging laut fluchend davon. Frau Herdán ahnte natürlich nicht, daß er mich gesucht hatte. Ich mied die Gegend dort monatelang.
Der Sommer ging zu Ende. Wir hätten ihn so gern aufgehalten, wären so gern in seiner wohltuenden Wärme geblieben! Im Sommer konnten die Menschen einander leichter helfen. Nur die, die sich schon zu Beginn des Sommers vor Schwäche kaum hatten bewegen können, saßen oder lagen auch während der warmen Zeit als lebendige Skelette am Straßenrand und erwarteten ihren Tod. Wenn sie gestorben waren, warf man sie wie Abfall auf das abscheuliche Fuhrwerk und brachte sie weg. So ging es den ganzen Sommer hindurch.
Von Zeit zu Zeit kam das Gerücht auf, wir dürften nach Hause, zurück in die Heimat. Man berief sich auf „gut informierte, höchste Kreise". Wir hörten es zwei Jahre lang alle zwei bis drei Monate wieder: „Und diesmal ist es ganz sicher!" Daß es sich nie bestätigte, wollte der jüdische Optimismus nicht zur Kenntnis nehmen. Die Hoffnung hielt an. Ich weiß nicht, ob die Gerüchte eine Basis hatten, ich jedenfalls glaubte ihnen jedes Mal. Elemér riet mir, es nicht zu tun, er meinte, ich würde am Ende nur wieder enttäuscht

sein. Ich aber freute mich trotzdem, denn ich ließ nie eine Gelegenheit ungenutzt, mich zu freuen. Ich brauchte die Freude so sehr! Und irgendwie gelang es mir, all die Zeit ein wenig von meiner früheren Heiterkeit zu bewahren. Für Katica bedeutete es, daß sie oft lachende Gesichter sah, nicht nur eine verzweifelte, verängstigte, entsetzte, traurige Mutter.

Auf den Sommer folgte zu unserem Glück ein langer, schöner Herbst; der gefürchtete Winter ließ auf sich warten. Wir mochten gar nicht an ihn denken. Noch schien ja die Sonne und es war warm. An einem stillen Herbstnachmittag nahm ich meine gehüteten drei Zeichenhefte hervor und sah sie mit Ruth durch. Ich hatte ein größeres Heft und zwei kleine. Im größeren waren Porträtzeichnungen von meiner Mutter, einer meiner Schwestern und einigen Freunden und Freundinnen. Die beiden kleinen Hefte enthielten ausgedachte Kompositionen, zart mit Buntstiften koloriert. Klare, heitere, harmonische Bilder. Versuche einer Anfängerin, einer Kunstschülerin, die wegen des Krieges ihr Studium abgebrochen hatte. Aber Ruth und ich befanden uns beide in festlicher Stimmung, als wir andächtig in den Heften blätterten. Einige kleine Kompositionen schienen die Zukunft vorwegzunehmen, sie zeigten eine symbolhafte Ähnlichkeit mit der Gegenwart. In der Zeichnung „Rückerinnerung" entsinnt sich eine junge Frau mit geschlossenen Augen an ihr früheres, schönes und ruhiges Heim. Eine andere, ebenfalls junge Frau wird von den Wellen erfaßt, ist schon völlig hilflos dem hochschlagenden Wasser ausgeliefert, kann sich jedoch an der Oberfläche halten. Doch die Stimmung der meisten Bilder stand in grellem Gegensatz zu der eingetretenen Lage, zu unserem körperlichen und geistigen Elend. Nach dem Blättern war uns, als stäche jemand mit einem scharfen Messer nach uns. Wir waren uns einig, daß man der Versuchung lieber nicht nachgeben sollte, denn das Erwachen wäre nur schmerzhaft.

Erschreckende Nachrichten kamen aus den nahen und ferneren ukrainischen Lagern wie Skasinez, Rabnitza oder Wopnjarka. Skasinez lag nur acht Kilometer von uns entfernt, es war ein von Ukrainern bewachtes Lager unter freiem Himmel und mit Stacheldreht umgeben. Nach einer Razzia wurden achttausend Leute aus Mogiljow dorthin gebracht. Sie verhungerten und verdursteten. Nur wenigen gelang es, nach Mogiljow zurückzukehren.

Wopnjarka war ein politisches Lager. Von dort gelangte die Nachricht zu uns, daß man dreiundfünfzig Mann in das Lager Rabnitza gebracht und hingerichtet hatte.
Mogiljow war immer noch der beste Ort und hier vor allem die Eisengießerei und das Werksgelände. Die Massen im Getto bekamen nicht das, was wir bekamen. Wovon lebten sie? Wer irgend etwas hatte, tauschte es bei den Ukrainern für Lebensmittel ein. Wer Geschick besaß, ging bei den Ukrainern von Haus zu Haus und fragte nach Arbeit, für die er etwas bekam. Viele fristeten ihr Leben mit Betteln, solange sie konnten.
Ernö und Rózsi waren mit einem Soldaten aus Brassó i.e. Brassov (rumänisch) = Kronstadt (Anm. des Übersetzers) bekannt. Er hieß Máté. Auch ich lernte ihn kennen, und als er in Urlaub fuhr, bat ich ihn, meiner Nichte in Brassó Auskunft über unseren Verbleib zu geben und sie um irgendeine Hilfe für uns zu bitten. Als er aus dem Urlaub zurückkam, log er, er hätte sie nicht aufsuchen können. Erst nach dem Krieg erfuhr ich, daß meine Nichte ihm einen großen Koffer mitgab, der Kleidung, Lebensmittel, Medikamente, Seife, Kerzen und sogar Geld für uns enthielt. Es wäre eine Hilfe von unschätzbarem Wert gewesen, und der Soldat hätte mit einer üppigen Belohnung rechnen können, aber er hatte einfach alles gestohlen. Ich bin ihm nie mehr begegnet.
Uns allen auf dem Werksgelände lag sehr daran, bis zum Ende des Kriegs in Mogiljow zu bleiben. Wir hielten es für einen Glücksfall, daß Mogiljow unter rumänischer Oberhoheit stand. Die Lagerleitung gab sich damit zufrieden, daß es uns erbärmlich ging, sie veranstaltete nicht noch zusätzlich einen Ausrottungsfeldzug. Die mehrmals erwähnten unerwarteten Festnahmen und Weiterdeportationen waren auf Anweisung der Deutschen erfolgt. Davor fürchteten sich alle besonders, denn das bedeutete den sicheren Tod. Unsere Losung lautete: In Mogiljow bleiben, um jeden Preis! Ähnlich dachten die vielen außerhalb des Werksgeländes, im Getto, die dem Hungertod entgegengingen. Wir wußten: Alles, nur nicht den Deutschen in die Hände fallen! Denn die Rumänen waren humaner, wenn man diesen Ausdruck hier verwenden darf. Sie hatten uns auf Befehl der Deutschen verschleppt und uns dem Frost, den Seuchen und dem Hunger ausgesetzt, aber Massenabschlachtungen hatte es, soweit ich wußte, nicht gegeben.

Man kann fragen, was „besser" ist, massenweise hingerichtet zu werden oder massenweise zu verhungern. „Was würdest du wählen?" Ich sage, „auf keinen Fall das erstere, denn das geht zwar schneller, aber es schließt von vornherein jede andere Möglichkeit aus". Das letztere hingegen ließ, und die Wirklichkeit hat es bewiesen, vielen noch eine kleine Hoffnung davonzukommen. In den Lagern hinter dem Bug wurden, wie die wenigen am Leben Gebliebenen erzählten, beides praktiziert: Die Opfer mußten unmenschlich arbeiten und waren allen möglichen Quälereien ausgesetzt, zu essen bekamen sie einen ungenießbaren Fraß, und wenn sie zusammenbrachen, wurden sie massenweise umgebracht, aber erst, nachdem sie ihr eigenes Grab ausgehoben hatten. Ich sage nichts Neues: Das war der Nazi-Stil. So war es selbstverständlich, daß wir in Mogiljow uns nach Kräften bemühten, dort bleiben zu können.

Dank der paar brillanten Spezialisten, die mit Ingenieur Jagendorf in der Eisengießerei arbeiteten, war der Betrieb wieder auf einen grünen Zweig gekommen. Das war unbedingt nötig, denn von der Existenz des Betriebs hing das Leben vieler hundert Menschen ab. Für die Behörden bedeutete die Gießerei Geld. Ohne den Erfolg hätten sie sicher das Werk bald wieder geschlossen. Die Gießerei war Eigentum des Staates. Sie produzierte für den Staat, der für die jüdischen Arbeitskräfte, die Jagendorf einsetzte, nichts zu bezahlen brauchte. So garantierte sich die eine Seite einen hohen Profit und die andere, die jüdische Leitung, relative Sicherheit, bleiben zu dürfen.

Parallel zur Entwicklung des Betriebs verbesserte sich ein wenig auch das Leben auf dem Werksgelände. Zu Herbstbeginn bekamen wir besseres Essen. Die Wassersuppe wurde mit einer Mehlschwitze angedickt, sie taten mehr Hirse und manchmal sogar gelbe Erbsen hinein. Es gab nicht *mehr* Brot, aber besseres. Das machte viel aus. Manchmal klumpte die Mehlschwitze, dann fischten wir die Klumpen heraus und genossen sie als besondere Delikatesse.

Im schönen, sonnigen Herbst kam uns der Winter noch fern vor. Trotz der ständigen das Leben überschattenden Nachrichten über die Greuel im deutschen Gebiet und trotz des drohenden Hungertods ließ sich die Liebe nicht unterdrücken. Sie keimte auch im Werksgelände und im Getto. In jedem Raum wohnten mehrere Familien zusammen, Männer und Frauen, Kinder und (nur noch we-

nige) Alte. Die jungen Leute konnten sich gar nicht aus dem Weg gehen. Es gab große Liebesgeschichten und auch ganz tragische wie die zwischen einem schwer lungenkranken Mädchen und einem kräftigen jungen Burschen. Erschüttert beobachteten alle, wie das todgeweihte Mädchen und der verzweifelte Junge aneinander hingen und der Junge die Gefahr, sich anzustecken, einfach mißachtete.
Es kam vor, daß der „Klassenunterschied" zwei Liebende trennte. Das passierte ausgerechnet Ruth, als sie sich endlich verliebte und sich der junge Mann, der sie ebenfalls liebte, aus „gesellschaftlichem Muß" einem Mädchen aus dem Kreis der „oberen Zehntausend" anschloß.
Vernunftehen hatte es immer gegeben und sie haben seit jeher etwas Anrüchiges, aber im Lager hatten sie manchmal eine gewisse moralische Grundlage, denn dort ging es letztlich um das Weiterleben, um die Frage: „essen oder nicht essen". Eine Vernunftehe konnte ganze Familien retten. Es waren keine Ehen im amtlichen Sinn, aber die meisten hielten über den Krieg hinaus.
Die wunderschöne Eszter, die im Sommer den Schönheitswettbewerb gewonnen hatte, hatte seit Kriegsausbruch nichts von ihrem Mann gehört, sie wußte nicht einmal, ob er noch am Leben war. Sie tat sich schließlich mit einem jungen Mann aus einer der „reichen" Familien auf dem Werksgelände zusammen, der nicht nur für sie, sondern auch für ihre Mutter und Schwester sorgte. Eszters Vater war im Winter gestorben.
Es gab auch Scheidungen. Und es wurde unbändig getratscht, womöglich noch intensiver als im normalen Leben – das war ja das einzige Vergnügen, das nichts kostete.

Zweiter Winter

Es nahte der Jahrestag des Brotwunders vom vergangenen Winter. Ich hatte nicht vergessen, was ich damals erlebt hatte. Für mich war es ein Gotteszeichen gewesen, das anzeigte, daß wir alle drei davonkommen würden, denn wir hatten ja drei Brote bekommen, und Brot bedeutet Leben. Das Zeichen erfüllte mich noch immer mit Hoffnung. Ich dachte viel darüber nach und stellte mir die Frage, wer denn dieser Jesus sei – ich wußte herzlich wenig über ihn –, an dessen Geburtstag mir der Himmel ein solches Geschenk gemacht hatte. Dem wollte ich nach dem Krieg auf den Grund gehen.
Mitunter, auch wenn ich nun wieder, mit dem Einsetzen des Winters, abends hungrig zu Bett ging, dachte ich sogar ans Zeichnen. Ich stellte mir dann weißes Papier vor, einen Stift in meiner Hand, ich zog Striche über das Papier und hatte mein Vergnügen an den Wellen und Wogen. Farben gesellten sich dazu, und als ob sie mich sanft streichelten, schlief ich ein. Keine schwarzen Vögel störten meinen Schlaf mit ihren Flügelschlägen, und selbst die Taubheit des Erwachens löste sich in der süßen Gewißheit meiner Zuversicht auf.
Eines Tages brachte Elemér einen kleinen, zylindrischen, topfähnlichen eisernen Ofen mit. Eine ukrainische Spezialität, nicht größer als ein Suppentopf. Er hatte beim Alteisen hinter der Fabrik gelegen. Aus ebenfalls dort gesammelten Blechstücken hämmerte Elemér Abzugsrohre für den kleinen Ofen. Wir stellten ihn auf den gemauerten Ofen vom Vorjahr. Zum Heizen verlangte er Kohle, und die mußte natürlich erst einmal beschafft werden. Aber wie? Elemér begann, aus kleinen Metallabfällen im Werk Feuerzeuge zu basteln. Sie gelangen ihm ausgezeichnet. Unter seinen Fingern entstanden hübsch geformte, glänzende, gut funktionierende Anzünder. Er verhielt sich sehr vorsichtig, denn es gab ja, wie überall auf der Welt, Spitzel, und er hätte Ärger bekommen können. Neben den Sägen – von denen er nur wenige herstellte, weil sie schwer aus dem Werk zu schmuggeln waren – hatten wir nun ab und zu ein Feuerzeug zu bieten. Als Elemér bemerkte, daß ihn ein Spitzel beobachtete, zog er ihn unbemerkt beiseite und drohte ihm so, daß der nicht mal mehr in seine Richtung blickte. Spitzel sind gewöhnlich keine großen Helden.

Anfangs bildeten die Feuerzeuge die gesamte Basis unserer Kohlenversorgung. Elemér freundete sich mit den Lokomotivführern an, und sie gaben ihm für die Anzünder heimlich ein bißchen Kohle. Später brachte er in den Taschen ein paar Eierbriketts aus der Fabrik mit, sie deckten den täglichen Bedarf. Viel Kohle war nicht nötig, der kleine Ofen war etwas ganz Erstaunliches. Schon mit sehr wenig Kohle begann er zu glühen, strahlte Hitze ab und hielt stundenlang die Glut. Unser kleiner Raum war den ganzen Tag warm. Wir sagten, das ist die Rache für den letzten eisigen Winter. Also tauften wir den Ofen genau so: unsere Rache. Weil er zu stark erhitzte, schnitt Elemér oben in die Tür eine Regulierklappe, die ich eigentlich ständig offen ließ.
Wir froren nicht mehr. Katica wurde jeden Tag in warmem Wasser gebadet, und auch wir wuschen uns jetzt regelmäßig von Kopf bis Fuß. Ich konnte die Wäsche in warmem Wasser waschen, wenn auch ohne Seife, aber selbst so war es ein Traum. Die Nachbarn konnten sich bei uns schnell einmal einen Topf Wasser warm machen. Es war großartig. Nur eines ärgerte uns: Es gab nicht genug Warmes zum Sattwerden. Die Suppe wurde wieder schlechter. Sie war nichts als Wasser. Die Wochenration an Brot aßen wir an einem Tag auf. Wieder ging im Werksgelände und im Getto das Gespenst des Hungers um. Aber wir hatten den ersten Winter überlebt, und jetzt ging es uns mit der Heizung viel besser, also hatten wir allen Grund zur Hoffnung. Kleidung, um sie bei den Ukrainern einzutauschen, hatten wir allerdings nicht mehr, im ersten Winter war alles, was wir entbehren konnten, bei ihnen gelandet. Wir hatten wirklich nur das Notwendigste behalten.
Sorgen machte mir die Kleidung für Katica. Außer einem hellblauen Pulloverchen – ich hatte es von zu Hause mitgenommen – hatte sie keine warmen Sachen. Das kleine Flanellhemdchen paßte ihr nicht mehr, inzwischen trug es ein ukrainisches Baby. Sie brauchte Mantel, Mütze, Handschuhe, eine warme Hose und Schuhe. All das hatte im ersten Winter das Steckkissen ersetzt. Die Sommerkleidung war auch kein Problem gewesen, aber jetzt mußten wir uns dringend um Anziehsachen für Katica kümmern.
Elemérs Feuerzeuge wurden immer schöner. So schön, daß ich nur wünschte, auch eins zu besitzen. Ich hätte es mir gern als Andenken aufgehoben, denn damals war ich bereits überzeugt, daß wir den Krieg überleben würden. Aber ich wagte nicht, Elemér um

eins zu bitten, es war wie mit meinem sehnsüchtigen Wunsch nach einer von Ernös Taschen.
Elemér hatte einige Feuerzeuge verkauft, nun sollte die Sache mit Katicas Kleidung vorangetrieben werden. Wir besorgten uns für das Geld Wolle, die wir selbst wuschen und in unserem Zimmer trockneten (es stank tagelang). Eine Frau fand sich, die froh war, ein paar Mark zu verdienen, und uns die Wolle billig spann. Ruth strickte danach aus dem Faden eine dicke und warme, allerdings recht grobe Hose und ein Paar Handschuhe. Schuhe zu beschaffen schien aussichtslos. Schließlich fanden wir eine Lösung: Ruth fertigte etwas wie Socken an, dichtmaschig und dick, auf deren Unterfläche ich eine Tuchsohle aufarbeitete. Diese „Strickstiefel" funktionierten unter den gegebenen Umständen großartig. Wo es trocken war, konnte Katica gut darin gehen. Noch im ersten Winter hatten wir für sie ein Stück roten Stoff weggelegt und vor Tauschgeschäften bewahrt. Daraus ließen wir dem Kind jetzt ein hübsches Mäntelchen nähen, dazu bekam es eine Häschenmütze, bei der ihr Flanell-Badetuch als Futter diente. Den Mantel ließen wir, weil der Stoff ausreichte, knöchellang machen, damit er gut wärmte. Ich würde Katica ja sowieso auf dem Arm tragen, denn durch Schlamm und Matsch konnte sie nicht in den Strickstiefeln gehen. Das ganze Haus kam sie bewundern, als alles fertig war.
Auch in diesem Winter sollte Katica möglichst nicht die ganze Zeit in unserem dunklen Loch zubringen. Tagsüber ließ ich sie im kalten, offenen Korridor herumlaufen, solange sie wollte, bis sie in irgendeinem Zimmer verschwand. Überall war sie ja gern gesehen. Ich kontrollierte alle fünf Minuten, ob sie auch nicht ins Freie gelaufen war. Fand ich sie nicht im Korridor, ging ich von Zimmer zu Zimmer, bis ich sie irgendwo entdeckte, meistens beim Spielen.
Mühsam war es, Essen herbeizuschaffen, das Katica mochte. Sie wollte nicht essen. Ich hatte eine gute Idee: Ich trug ihre Mahlzeit zu Eszter – und dort aß sie.
Mehrmals am Tag nahm ich Katica und ging mit ihr an die Luft. Bei trockenem Wetter lief sie selbst, aber meistens mußte ich sie durch den Dreck und Matsch tragen. Dann bedeckte der lange Mantel auch ihre Beine. Immer wieder blieben Leute stehen, um Katica anzuschauen. Die Ukrainer waren wahrhaftig keine freundlichen Menschen, und doch kam es vor, daß sie ihr ein Stück Weißbrot gaben, einen Apfel, zwei Nüsse. Wenn das Gehen beschwerlich war,

stellten wir uns nur an die Haustür und nahmen dort die herzlichen Zurufe von Bekannten und Unbekannten entgegen. Katica war im Lager eine Berühmtheit.
Wenn es dunkel wurde, gingen wir ins warme Zimmer, das sich rasch mit jungen Leuten füllte, mit Lagergefährten und Freunden, die Wärme und Unterhaltung suchten. Das Funzellicht war zwar nicht sehr gemütlich, aber der glühendheiße kleine Ofen stellte den Ausgleich her. Regelmäßig kamen uns Ruth und ihre beiden Cousins, der zweiundzwanzigjährige Ali und der fünfundzwanzigjährige Hermann – zwei gutaussehende junge Männer, die in der Fabrik arbeiteten und für ihre große Familie sorgten –, besuchen. Alis Freundin hieß Eva. Auch sie saß in unserem Zimmer. Manchmal kamen Eszter und ihre Schwester Malcea dazu. Dann hatten wir kaum mehr Platz in dem engen Raum. Katica spielte auf der Pritsche, und wir anderen saßen um sie herum. Katica hatte die erstaunlichsten Einfälle. Sie war eine richtige kleine Primadonna. Wenn sie so bleibt, dachte ich damals, wird bestimmt eine Schauspielerin aus ihr. Sie begann bereits zu sprechen, aber vorläufig verstand nur ich sie. An diese Winterabende erinnere ich mich gern.
So sehr wir auch aufpaßten, unsere Essensreserven wurden wieder knapp. Und auch das Geld, daß Elemér mit den Feuerzeugen verdient hatte, ging zu Ende. Wir hatten nur noch soviel, daß wir für Katica ein kleines Stückchen Butter und etwas Brot kaufen konnten. An Milch war nicht zu denken. Schließlich wurde der Hunger wieder zu etwas Alltäglichem.
Aber dann näherte sich der zweite Winter seinem Ende.
In dieser Zeit kamen Dobrewolski in die Stadt, ukrainische Freiwillige im Rahmen der Wehrmacht. Wildere, verrohtere Kerle kann man sich nicht vorstellen. Sie trieben die jüdischen Männer zu verschiedenen schweren Arbeiten zusammen. Eines Vormittags saß ich in unserem dunklen Loch und aß ein Stück Brot, als jemand brutal die Tür aufstieß. Es war ein abstoßender, zerzauster Dobrewolsk, er schrie etwas, kam näher, fuchtelte mit einem Revolver. Ich war so überrascht, daß ich nicht einmal die Zeit fand, richtig zu erschrecken. Da er aus dem Hellen kam, sah er drinnen nichts. auch nicht mich, so daß er unter wildem Gebrüll wieder hinauslief. Später hieß es, er habe einen Mann erschießen wollen, der arbeiten sollte, aber geflohen war, und zwar angeblich in unser Haus. Schließlich schnappte er sich einen andern und nahm den mit. So

etwas passierte jetzt häufig, und ging manchmal übel aus – mit einem Kopfschuß oder damit, daß das Opfer totgeprügelt oder in den eiskalten Dnjestr getrieben wurde.

Elemér hatte wieder einige Feuerzeuge hergestellt und verkauft. Von dem Geld erstanden wir ein Stück Speck. Wir besprachen, wie wir ihn einteilen wollten, damit er lange reichte, denn ein Stück Speck, das war schon was. Wir hatten kein Brot da, aber wir wollten trotzdem jeder eine Winzigkeit kosten, denn kosten kann man ja auch ohne Brot. Doch aus dem Kosten wurde Futtern, und in Minuten hatten wir den Speck aufgegessen. Wir konnten einfach nicht aufhören. Danach zerbrachen wir uns den Kopf, was wir am nächsten Morgen und besonders am Abend essen würden.

Auf Fotografieren oder Zeitunglesen stand die Todesstrafe. Ein Foto von Katica? Davon konnte man nicht einmal träumen. Doch das war nicht unsere größte Sorge. Aber als ich zu Frühlingsanfang einmal mit der Kleinen spazierenging, hielt mich ein junger deutscher Soldat an, betrachtete Katica eingehend, strich ihr übers Haar und fragte, ob ich ein Foto von ihr hätte. „Kein einziges", antwortete ich, „dabei ist sie schon zwei Jahre alt." – „Ich habe einen Fotoapparat", sagte er, „und wir geben acht, daß uns niemand sieht." Schon führte er uns zum Rand des Gettos. An einer erbärmlichen Hütte bat er um einen Stuhl, stellte Katica darauf und fotografierte sie. Sie trug die Wollhose, die Ruth ihr gestrickt hatte, und den aus der Heimat mitgebrachten hellblauen Pullover. Ich zeigte ihm, wo wir wohnten, und ein paar Tage später brachte er uns drei Fotos. Ich halte diese erste Aufnahme von Katica (siehe Titelblatt) noch immer in Ehren, und ich denke voll Dankbarkeit an den deutschen Soldaten.

Kurz danach war Katis zweiter Geburtstag. Nichts bewies ihre Beliebtheit mehr als die vielen Geschenke, die sie auch diesmal bekam. Katica war ein Phänomen im Lager. Während unserer gesamten Zeit dort gab es keinen Geburtstag von einem Erwachsenen oder Kind, der so gewürdigt wurde. Auf Katicas Geburtstag bereiteten sich die Nachbarn, Freunde und Bekannten regelrecht vor, doch ohne daß wir etwas davon wußten. Die ersten Gratulanten kamen am Morgen, und dann ging es bis zum späten Nachmittag so fort. Viele brachten ein Geschenk mit. Geschenke in Mogiljow! Eine Scheibe Brot, einen Becher Maismehl, das waren kostbare Dinge, sie wären sogar als Hochzeitsgeschenk viel wert gewesen. Noch

mehr als die Geschenke rührte uns aber die Zuneigung, mit der man uns überschüttete. Wie im Jahr zuvor, bekam Katica auch diesmal wieder ein Stück Seife. Woher mochte der, der sie schenkte, die Seife haben? Dann kamen Ernö und Rózsi mit einer kleinen Bluse und einem Kattunrock mit Trägern. Wir zogen Katica die Sachen gleich an, sie standen ihr wunderbar. Aber die größte Überraschung und Freude bereitete das, was Eszter mitbrachte. Sie kam gegen Mittag und hielt Katica einen großen braunen Teddybär hin, der fast so groß war wie unsere Tochter selbst. Katica erschrak, sie versteckte sich und wollte nicht hervorkommen, guckte nur ängstlich aus ihrem Versteck auf uns. Alle bewunderten den Teddy und Eszters Geschick, man wollte wissen, wie sie ihn beschafft und was er gekostet hatte. Aber das blieb Eszters Geheimnis. Allmählich interessierte sich auch Katica für den braunen Spielgefährten. Erst griff sie nur schüchtern nach ihm, hielt ihn an der Hand. Die Zuschauer amüsierten sich. Am Abend drückte sie ihn bereits fest an sich oder hielt ihn am Bein fest und trug ihn herum. Ich schaffte es kaum, sie vom Hof zu holen und ins Bett zu bringen. Von Stund an spielte sie nur noch mit dem Teddy. Und selbst ich nahm den großen Bären gern in die Hände.
Elemér genoß Ansehen. In der Fabrik schützte er mit seiner Arbeit ungefähr vierzig Männer, die keine Fachleute waren. Doch Schurken gibt es überall. Im Werk hatten sie einen Antreiber, der sich einmal mit Elemér anlegte. Elemér machte mal wieder nicht viel Worte, er nahm einen Vorschlaghammer und drohte: „Dich schlag ich tot!" Der Antreiber erschrak so sehr, daß er fortan nicht mehr in Elemérs Nähe kam.
Dort, wo wir wohnten, gab es auch einen Hausverwalter, einen abscheulichen Stänkerer, der gern seine Überlegenheit herausstellte. Aus irgendeinem Grund legte er sich mit mir an. Ich beklagte mich bei Elemér, und er knöpfte sich den Herrn Hausverwalter so vor, daß der von da an ganz kleinlaut war. Elemér war gutmütig und zu allen hilfsbereit, aber er duldete nicht die geringste Gemeinheit. Sie nannten ihn „der meschügene Ungar" und sagten, mit dem dürfe man sich nicht anlegen.
Laut Elemér hatten wir viele Neider. Die Männer beneideten Elemér um mich, und die Frauen beneideten mich um Elemér, der so tüchtig, geschickt und tapfer war. Und Katica wurde von den Kindern beneidet, weil sich alles um sie drehte.

Ich tröstete Elemér und sagte: „Wenn man uns beneidet, ist das immer noch besser, als wenn man uns bedauern würde." Da stimmte er mir zu.
Im Raum nebenan – er war groß und hell – hausten die Garfunkels, die zu den „Herrschaften" gehörten. Hier muß ich einfügen, daß die Werksleitung wegen der Seuchen und Läuse in einem Raum der Fabrik hatte Duschen einbauen lassen, dort konnte man sich einmal wöchentlich warm abbrausen. An einem Tag die Frauen, an einem die Männer. Der Raum hatte oben sehr kleine Fenster. Eines Tages war Herr Garfunkel auf eine Leiter gestiegen und hatte durch eins dieser kleinen Fenster hereingeschaut, als die Frauen duschten.
Die Sache kam heraus, und Elemér erfuhr davon. Ich bekam nur mit, daß Elemér wutentbrannt in das Zimmer der Garfunkels stapfte. Ich lief ihm erschrocken hinterher. Drüben ergriff er in Gegenwart von Frau Garfunkel, der Tochter und dem Schwiegersohn Herrn Garfunkel bei den Schultern und schubste ihn an die Wand. Wir anderen baten ihn inständig, aufzuhören. Ich dachte, er schlägt ihm den Schädel ein. Mit der Drohung, er werde ihm alle Knochen brechen, wenn sich die Ferkelei wiederhole, ließ er den kreidebleichen Mann schließlich los. Elemér konnte tatsächlich grob werden, aber wenn er anders gewesen wäre, hätten wir mehr unter all den Aufsehern, Antreibern und Leuten mit Beziehungen zu leiden gehabt.
Das zweite Frühjahr nahte. Wir hatten das Gefühl, den drohenden Tod allmählich hinter uns zu lassen. Schon wisperte der Frühling in den Bäumen, harmlose Winde wehten. Beim einen oder anderen Sonnenuntergang zeigten sich orangefarbene Wolken, als ob in der unendlichen Höhe Wundertücher wehten. Wir verschlangen die Schönheit, wo wir nur konnten. In der Luft glaubten wir Melodien zu hören, heimatliche Klänge aus der Ferne. Wie eine Fata Morgana sahen wir die Konturen unseres alten Zuhauses, und über unseren grauen Seelen erstrahlte die Hoffnung. Uns war, als säßen wir nicht in der Todesschaukel. Aber das widerlegten die Toten am Straßenrand mit ihren aufgeblähten leeren Bäuchen, diese tragischen Clowns.
Am Abend vor dem Einschlafen stellte ich mir als Gegenpol zum Bösen die alten Steintafeln mit den zehn Geboten vor, diese komischen, ewigen Texte. Ich war dankbar für den Verstand, mit dem ich

Gott und seine Gesetze begriff. Abwägend, was wertvoll ist und was nicht, schlief ich ein.

Die Flucht

Auch in diesem zweiten Frühjahr wurde der zum Haus gehörende große Hof auf Anweisung der Fabrikleitung nach der Anzahl der Familienmitglieder aufgeteilt, damit jeder seine Parzelle als Garten nutzen konnte. Wir bekamen wieder verschiedene Sämereien. An uns fiel zum zweiten Mal ein L-förmiger Teil von einigen Quadratmetern. Sobald Elemér von der Arbeit kam, grub er das trockene, harte Erdreich um. Wir säten diesmal Mohrrüben, Petersilie, Salat, rote Rüben und Tomaten. Der Sommer war trocken. Kein Regen. Wir holten Eimer um Eimer vom fernen Brunnen, um zu gießen. Das machten nur die wenigen, die noch die Kraft dazu hatten. Als die Pflanzen wuchsen, begann ich das Unkraut zu jäten. Das war für mich eine ungewohnte Arbeit, das Kreuz tat mir weh, aber wir betreuten unseren kleinen Garten hingebungsvoll, und er machte uns viel Freude.
Katica war den ganzen Tag im Garten, nur zur Nacht trug ich sie ins Haus. Keinen Augenblick war sie ohne Aufsicht. Hatte ich tagsüber drinnen zu tun, paßte Ruth auf sie auf.
Mitte des Sommers geriet ich in ein gefährliches Abenteuer. Elemér war mit Katica zu Hause geblieben, Ruth und ich gingen Wasser holen, wie immer mit einem geborgten Eimer. Auf dem Weg kam uns ein hochgewachsener, brauner Uniformierter entgegen. Ich ahnte nichts Gutes und sagte zu Ruth, wir sollten unauffällig kehrtmachen und in einem der ersten Häuser verschwinden. Aber es war zu spät, der Soldat rief uns nach: „Halt!" Wir taten, als hätten wir nichts gehört, und gingen schneller. Er holte uns im Laufschritt ein und erklärte, daß wir nicht stehen bleiben wollten, habe ihn beleidigt. Immerhin versuchte er nett zu sein, er stellte sich vor, er sei aus Bukarest und lud uns zu einem Spaziergang ein. Wir sagten, wir hätten viel zu tun, ein andermal. Daraufhin begaffte er uns von Kopf bis Fuß und sagte, Ruth könne gerne sofort gehen, ich solle bleiben. Ruth lief weg, ich konnte ihr gerade noch signalisieren: kein Wort zu Elemér. Denn der würde sofort kommen, um mich zu beschützen. Glücklicherweise blieb der Eimer bei mir. Ich überlegte schnell. Ich wußte, in einiger Entfernung gab es ein Haus, dessen Hof sich bis zum Dnjestr erstreckte, was aber von draußen nicht zu sehen war.

Ich machte gute Miene zum bösen Spiel, der Soldat nahm meine Hand, und wir gingen weiter. „Hast du einen Liebsten?" fragte er. „Nein", antwortete ich. „Würdest du mich nehmen, einen Bukarester? Ich kaufe dir, was du willst!" Da war es nur noch ein paar Schritte bis zu dem Haus, und ich sagte fröhlich, ich würde gern mit ihm spazieren gehen, aber vorher müßte ich den Eimer an einem sicheren Ort abstellen. „Ich kaufe dir einen Eimer", sagte er. Daraufhin sagte ich, als würde ich es jetzt erst bemerken: „Was für ein Glück, hier wohnen Bekannte von mir, bei denen stelle ich eben den Eimer ab. Ich komme gleich wieder." Dabei lächelte ich ihn an, er grinste glücklich zurück und blieb wartend vor der Haustür stehen. Ich ging hinein, und kaum war ich aus seinem Blickfeld verschwunden, stellte ich den Eimer ab, rannte über den Hof, hinein ins Gebüsch und hinunter bis zum Dnjestr. Dort weiter, am Ufer entlang, aber nun schon in Sicherheit inmitten des hohen und dichten Gestrüpps. Ich kannte den Weg, wußte, wohin ich flüchten mußte. Auf allerlei Umwegen gelangte ich ins Getto und ging, als wäre nichts geschehen, zu einer Familie, die wir kannten. Erst am Abend schlich ich mich nach Hause.

Im Gelände sprach sich schnell herum, was geschehen war, denn der Uniformierte hatte eine Weile geduldig gewartet, dann Verdacht geschöpft, das Haus betreten und den Eimer erblickt, nicht aber mich. Es gab einen Wutanfall und Gebrüll, wo man mich versteckt habe. Schließlich schoß er um sich.

Alle flüchteten vor dem tobenden Soldaten. Ruth verriet Elemér nichts. Sie tat es erst, als sich herumsprach, wie ich entkommen war. Der Soldat hatte keine Ahnung, wo ich wohnte, er hatte mich in der Nähe des Flußes gesucht. Da konnte er lange suchen. Danach ging ich tagelang nicht hinaus. Im Werksgelände und im Getto ließen sich Soldaten kaum sehen, höchstens, wenn sie dort zu tun hatten.

Das Kommando über das Getto und das Werksgelände hatte ein junger Offizier namens Barbulescu, eine Autorität mit unbeschränkter Macht. Er trat nie unmittelbar mit dem „Volk" in Kontakt und gab Anweisungen nur über seine Leute. Zu sehen war er höchst selten. Er lebte wie ein Duodezfürst: weiße Uniform, weißes Pferd. Dabei sah er gut aus, brünett, man sah wirklich gern hin, wenn er langsam die Straße entlangritt wie ein Märchenprinz, unnahbar auf seinem tänzelnden Pferd. Das unglückliche Lagervolk

begaffte ihn jedesmal wie ein Wunder, zugleich fürchtete es sich vor ihm und verdrückte sich in die Hausflure.
Als man ihn eines heißen Sommermorgens in unseren Hof gehen sah, schwante den Leuten nichts Gutes, sie verdrückten sich schnell. Ich bekam von dem Ereignis nichts mit, weil ich gerade hinausgegangen war, das Schmutzwasser hinten im Hof auszugießen. Auf dem Rückweg sagte mir jemand aufgeregt, Barbulescu habe nach mir gefragt, er sei in unserem Zimmer und erwarte mich. Das verschlug mir den Atem, ich konnte kaum denken. Was war los? Bei den letzten Schritten versuchte ich mich zusammenzunehmen, er sollte nicht merken, wie erschrocken ich war. Ich trat ein, und er stand vor mir mit gegrätschten Beinen – mächtiger Halbgott unseres Lagers. Wir grüßten uns. „Guten Morgen!" – „Guten Morgen!" – „Sind Sie Rozália Gottlieb?" – „Ja." – „Aus Marosvásárhely?" – „Das war einmal."
Meine Nerven waren aufs äußerste gespannt. Ich mußte auf der Hut sein, ich wußte nicht, warum er fragte und wie ich richtig antworten mußte. Bloß nicht Elemér in Gefahr bringen!
Kennen Sie einen Oberleutnant Adrian D. aus Marosvásárhely? Die Wahrheit war, daß ich ihn flüchtig kannte, aber ich konnte nicht einschätzen, was besser war, ihn zu kennen oder ihn nicht zu kennen. Ich konnte ja nicht wissen, was mit ihm war, ob er etwas ausgefressen hatte. Adrian D. war vor dem Krieg der Freund meiner Schwester Elli gewesen. Mehr wußte ich nicht über ihn, ich hatte damals nicht in Marosvásárhely gelebt.
Nach kurzem Überlegen sagte ich mir, es ist besser, ich kenne ihn nicht. So antwortete ich: „Ich kann mich an den Namen nicht erinnern." – „Er behauptet, Sie zu kennen, er hat Ihnen in Marosvásárhely den Hof gemacht, und jetzt möchte er Sie sehen. Er wartet bei mir auf der Kommandantur. Das ist ja was, er kommt extra Ihretwegen hierher, und Sie haben seinen Namen vergessen?" setzte er kopfschüttelnd hinzu.
Ich sah, daß es nicht weiter gefährlich war und entgegnete diplomatisch: „Ich kann mich an den Namen wirklich nicht erinnern, aber wenn ich ihn sehe, erkenne ich ihn vielleicht!" – „Kommen Sie zur Kommandantur!" – „Sofort, ich ziehe mir nur ein Kleid über," sagte ich, denn wegen der Hitze trug ich nur Rock und Büstenhalter. – „In Ordnung. Ziehen Sie sich an, und kommen Sie." Dann ging er.

Ich war der Ohnmacht nahe. Adrian ist hier, vielleicht kann er irgendwie helfen! Mir ging alles mögliche durch den Kopf, während ich den Rock auszog und in mein einziges Sommerkleid schlüpfte – das rotkarierte.
Woher weiß er, daß ich hier bin? Wie kommt er hierher?
Als ich angekleidet hinaustrat, hatte sich das ganze Haus versammelt, um das Ereignis zu besprechen, aber mich wagte niemand zu fragen. Ich hatte auch keine Zeit, stehenzubleiben, ich war so aufgeregt und angespannt wie noch nie in meinem Leben.
Die Wache wußte von meinem Kommen, ich konnte ungehindert bei Barbulescu eintreten. Ihm gegenüber saß Adrian, der sehr hübsche, sehr adrette junge Offizier. Einen Moment wußte ich nicht, wie ich mich in Barbulescus Gegenwart verhalten sollte, aber da sprang Adrian schon auf, küßte mir die Hand und fragte vorwurfsvoll: „Du hast mich wirklich vergessen?" Ich ging sofort auf die Schauspielerei ein: „O nein, es kam nur so unerwartet, daß mir dein Name nichts sagte, aber jetzt weiß ich alles wieder!" Ein neuer glühender Handkuß. Wir sahen uns an. Er ließ meine Hand nicht los. „Du bist so schön", sagte er, „wie du immer warst!"
Barbulescu lächelte diskret und bot uns höflich an, wir könnten ins Nebenzimmer gehen, um uns unter vier Augen zu unterhalten. Er war überzeugt, daß sich hier zwei einstige Verliebte trafen.
Die Tür schloß sich hinter uns. „Wie kommst du hierher?" fragte ich. „Woher wußtest du, daß wir hier sind?" Er erzählte, daß wir im Mogiljower Lager seien, habe er von meiner Brassóer Nichte erfahren (zu ihr hatte ich den Soldaten Máté geschickt, der ihre Sendung dann stahl).
Adrian hatte sich einen „ordin de serviciu", einen Dienstbefehl auf den eigenen Namen ausgestellt, der besagte, er reise in militärischer Mission. Sein Regiment war in Lugos i.e. Lugoj (rumänisch) = Lugosch (Anm. des Übersetzers) stationiert, also weit weg. Das Papier war 24 Stunden gültig. Es war ein sehr gefährliches, tollkühnes Unternehmen, besonders zu dieser Zeit im Krieg. Bei der Ankunft in Mogiljow hatte er keine Ahnung, wie er es anstellen sollte, uns zu finden, er wußte ja nicht einmal, ob wir uns wirklich in Mogiljow aufhielten. Er erkundigte sich, wo das Lager war, und ging schnurstracks zur Kommandantur. Dort begegnete er Barbulescu, dessen Vorgesetzter er vor dem Krieg gewesen war. Jetzt fühlte sich Barbulescu geehrt, daß er Adrian einen Gefallen

tun sollte, der obendrein ungefährlich für ihn war. Es ging ja nur um eine Frau, mit der Adrian einst geflirtet hatte. Ganz einfach. Das alles flüsterte mir Adrian blitzschnell zu. Ich berichtete ihm flüsternd im Telegrammstil über unsere Situation. Vor allen Dingen: Was er uns hierlassen könne? Er war nur mit einer Aktentasche gekommen, ihren Inhalt übergab er mir sofort: ein Paar Sokken, ein Handtuch, Seife, Taschentuch, einen Schlafanzug. Er gab mir auch das Geld, das er bei sich hatte. Was sollten wir tun? Das Kind wollte er um jeden Preis sehen. Ich wollte auch, daß er es sah, aber er konnte unmöglich zu uns kommen. Das Aufsehen wäre zu groß gewesen. Das hätte nach Barbulescus Besuch gerade noch gefehlt! Auch Barbulescu hätte es übrigens nicht zugelassen, er paßte genau auf, daß das Zusammentreffen unter seiner Aufsicht stattfand. Nur aus Diskretion hatte er uns allein gelassen, nach 15 Minuten klopfte er jedoch an die Tür, jetzt sei Schluß. Und wieder gaben wir eine kleine Theatervorstellung für Barbulescu: sentimentaler Abschied, langer Handkuß. Barbulescu begleitete mich hinaus. Der Kriegsplan stand fest: Wir treffen uns am Nachmittag am Fluß, Adrian und wir drei, ziehen uns in großem Abstand aus und tragen, damit wir nicht auffallen, Badekleidung. So können wir uns unterhalten. In der glühenden Sommerhitze werden sowieso viele Leute dort sein.
Ich brannte vor Aufregung, als ich heimkam. Das ganze Haus lauerte bereits, doch niemand wagte zu fragen. Sie wußten, wo ich gewesen war. Auch Ruth stellte keine Fragen. Ich konnte es kaum erwarten, daß Elemér kam.
Zur verabredeten Zeit gingen wir drei ans Wasser. Adrian trug eine Badehose, seine Uniform lag weit weg. Niemand konnte ahnen, daß er Offizier war. Auch wir zogen uns aus, knüpften ein Gespräch mit ihm an, setzten uns zusammen hin, um zu reden. Adrian war begeistert von Katica. Er schwor, ein so entzückendes Kind noch nie gesehen zu haben. Dann unterrichtete er uns über die politische Situation. Im Lager wußten wir überhaupt nichts.
Wir erfuhren, daß es sehr schlecht für die Deutschen stand, daß die Russen vorrückten. Was bei einem Rückzug der Deutschen aus uns werden würde, konnten wir uns ausmalen. Man mußte mit dem Schlimmsten rechnen. Wir baten Adrian, etwas für die Rettung unseres Kindes zu tun, denn wenn wir uns in Sicherheit bringen oder verstecken müßten, was sollten wir dann mit einer Zweijährigen

machen? Es war ein schreckliches Gespräch, in dem es um Katicas und auch um unser Leben ging. Wir fieberten vor Erregung und Sorge. Kati spielte ahnungslos im Sand. Wie sie hinausbringen? Alleine darum ging es bei dieser Beratung. Adrian konnte sie nicht mitnehmen, er konnte nicht mit einem Kleinkind auf dem Arm über die Brücke spazieren, die die Grenze zwischen der Ukraine und Rumänien bildete. Schon die Vorstellung war absurd. Es war Krieg. Was tun? Unsere Nerven waren bis zum äußersten gespannt, die Minuten liefen uns davon, schon sank die Sonne, lange konnten wir nicht mehr am Fluß sitzen, wir waren schon jetzt fast die letzten am Ufer.
Wir erwogen alle Möglichkeiten. Adrian erklärte schließlich, er würde Katica nur wegbringen, wenn ich mitginge, denn unterwegs könnte er mit ihr nichts anfangen. Die „Entführung" aus Mogiljow könnte er auf keinen Fall in die Wege leiten, da es unmöglich sei, uns über die Brücke zu bringen. Aber wenn ich es schaffte, auf irgendeine Weise mit Katica das andere Ufer des Dnjestr und das zu Rumänien gehörende Städtchen Ataki zu erreichen, würde er dafür sorgen, daß wir von dort weiterkämen, und uns in Sicherheit bringen. Falls wir für die Flucht nach Rumänien eine Lösung hätten, sollten wir ihm ein Telegramm an eine bestimmte Adresse schicken. Wenn er das Telegramm bekäme, würde er uns Bescheid geben, an welchem Tag er uns am andern Ufer erwarte. Ein phantastischer Plan. Wie und wo sollten wir ein Telegramm aufgeben? Wohin wollte er antworten? Wie sollte ich mit der Kleinen nach Ataki, ans andere Ufer gelangen?
Wir verabschiedeten uns unauffällig und gingen nach Hause. Plötzlich war es aus mit der bisherigen Ruhe. Die Sache war dringlich, Adrian diente im fernen Lugos nahe Temesvar und konnte jederzeit an die Front geschickt werden. Alles mußte innerhalb von zwei Wochen abgewickelt werden, in der Zwischenzeit würde Adrian Urlaub beantragen, um uns abzuholen.
Schreckliche Tage und Nächte folgten. Wie an die Sache herangehen? Das Risiko war extrem. Bei einem Fluchtversuch wurde man sofort erschossen. Bisher war es in unserem Lager nie zu einer solchen Erschießung gekommen. Der ganze Plan war unmöglich. Mir wäre es lieb gewesen, gar nicht mehr drüber zu sprechen. Wäre Adrian bloß nicht gekommen! Doch Elemér dachte anders, er sah nur eins: Katica und mich vor den bevorstehenden Kriegsereignis-

sen in Sicherheit zu bringen. Er trat sofort in Aktion. So absurd die Flucht schien, ich widersprach ihm nicht, denn ich war verzweifelt angesichts der drohenden Zukunft unseres Kindes. Wir wußten, daß die Deutschen in einem nahe gelegenen Lager die Kinder und Alten töteten.
Es waren Tage voller Aufregung und Ungewißheit. Wir hatten keine Freude mehr an unserem kleinen Garten, an den großen, reifen Tomaten, an Katicas Mahlzeiten im Grünen. Zudem war es ungünstig, daß wir seit Barbulescus Besuch von allen im Lager beäugt wurden. Der Tratsch brauchte irgendeine Erklärung für den unerhörten Vorgang, von Barbulescus persönlichem Besuch. Es verbreitete sich die Nachricht, ich gefiele ihm. Viele glaubten zu wissen, daß ich mich heimlich mit ihm traf und daß er Katica jeden Tag Schokolade schickte. Wir erfuhren davon durch Ruth. Die Leute wußten genau, wie lange ich auf der Kommandantur gewesen war, manche dichteten noch Stunden dazu. Sie wußten, daß Barbulescu mich bis vor die Tür begleitet und mir die Hand geküßt hatte, sie hätten es mit eigenen Augen gesehen. Natürlich stimmte das nicht. Das ganze Lager war aufgescheucht. Jeder wollte etwas wissen. Normalerweise hätte es mich amüsiert, wenn da nicht ständig unsere Gedanken an die Flucht gewesen wären. Es war ungut, ausgerechnet jetzt im Mittelpunkt des Interesses zu stehen. Aber alle Wunder dauern nur drei Tage, besagt ein Sprichwort. Und wirklich, allmählich legte sich der Tratsch, weil die Wirklichkeit keine Nahrung für weitere Kombinationen lieferte. Die Leute begnügten sich mit der Feststellung, daß ich bei Barbulescu einen Stein im Brett hatte. Er selbst ahnte gar nicht, wie hohe Wellen sein bloßes Erscheinen im Lager geschlagen hatte.
Elemér war rastlos. Wen darf man einweihen, der behilflich sein könnte? In Betracht kamen nur Rumänen, die die Brücke benutzen durften. Und was tat Gott? Plötzlich tauchte ein rumänischer Soldat in der Fabrik auf und reparierte dort einen Panzer für das Militär. Er kam jeden Tag. Elemér lernte ihn kennen, half ihm bei diesem und jenem, sie freundeten sich ein wenig an. Der Rumäne war Mechaniker beim Militär und hieß Ionel. Er wohnte in Ataki und durfte mit einer amtlichen Genehmigung jeden Tag die Brücke passieren, weil der Panzer nur in Mogiljow repariert werden konnte. Das war wohl der einzige Mensch, der helfen konnte. Ein Telegramm an Adrian konnte man nur aus Ataki aufgeben, das Ant-

worttelegramm konnte nur nach Ataki adressiert werden Mogiljow kam nicht in Frage.

Eines Tages, nach der Arbeit, gab Ionel Elemérs Bitten nach und kam uns besuchen. Wir machten uns bekannt, und er verliebte sich natürlich in Katica. Wir sagten ihm, daß das Kind aus dem Lager müsse und welche Gefahren ihm drohten, wenn die Deutschen den Rückzug antreten würden. Er wußte davon, daß die Deutschen kleine Kinder umbrachten, und er fühlte mit uns. „Für die Kleine würde ich alles tun", sagte er. Als Ionel gegangen war, waren wir uns einig, daß er ein zuverlässiger, anständiger Mann war und wir ihn in unseren Plan einweihen konnten. Am Tag darauf kam er wieder, und wir erzählten ihm alles. Er war mit Leib und Seele einverstanden und übernahm tatsächlich die ihm zugedachte Aufgabe.

Wir überlegten. Wenn ich mit dem Kind vom einen auf den anderen Tag aus dem Haus verschwände, wäre das eine Sensation, es gäbe Gerede, und Elemér geriete in Gefahr. Wie konnte man dem vorbeugen? Wir weihten Ruth ein und arbeiteten zusammen einen Desinformationsplan für die Hausbewohner aus. Wir würden Theaterspielen, Elemér, Ruth und ich. Die Hauptrolle übernahm Ruth. Der Plan: Elemér und Ruth gehen jeden Abend eng aneinandergeschmiegt spazieren. Ich warte zu Hause auf Elemér, aber er kommt erst spät. Alle beobachten uns aufmerksam, der Klatsch breitet sich aus wie ein Lauffeuer. Zwei Parteien bilden sich: Die einen sind für mich, die andern für Elemér, und alle verurteilen Ruth. Wir hofften sehr, daß der Plan funktionierte. Sobald ich mit dem Kind verschwunden war, wäre klar, daß ich wegen des Verhältnisses, das mein Mann mit Ruth hatte, weggegangen sei und jetzt woanders wohne. So würden wir nach der Flucht Zeit gewinnen.

Weitere Aufregungen folgten. Wir gingen täglich an den Fluß und überlegten, wie ich ihn mit dem Kind überqueren könnte. Zwischen Mogiljow und Ataki ist der Dnjestr so breit, daß man von einem Ufer kaum bis zum andern sehen kann. Man erkennt nur, daß sich dort Menschen bewegen, aber wie sie aussehen und ob sie Mann oder Frau sind, läßt sich nicht ausmachen.

Unser Plan sah so aus: Ungefähr in der Mitte des Flusses gab es eine kleine Insel. In der Hitze des Augusts badeten viele Leute im Fluß und wenn sich jemand von Mogiljow aus der Insel näherte, fiel das nicht auf. Elemér und ich wateten jedoch noch ohne das Kind – weit ins Wasser hinein und immer weiter auf die schräg gegenüberliegende Insel zu, um die Tiefe des Flusses zu testen. Das Wasser war seicht, wir erreichten die Insel zu Fuß. Damit war auch etwa ein Drittel des Gesamtwegs geschafft. Ich blieb auf der Insel, Elemér watete noch ein Stück Richtung Ataki. Auch hier war das Wasser nicht tief, und wir meinten, ich könnte mit dem Kind auf dem Arm zu Fuß den Fluß durchqueren. Der Plan baute darauf, daß man uns wegen der großen Breite am Mogiljower Ufer zwar vielleicht ins Wasser gehen, aber nicht am Atakier Ufer hinausgehen sah, und umgekehrt, wer uns in Ataki an Land gehen sah, der hatte nicht gesehen, wie ich in Mogiljow ins Wasser ging. An beiden Ufern waren viele Badegäste, manchen schwammen weit hinaus, das war nicht auffällig. Der Dnjestr bildete die Grenze zwischen der Ukraine und Rumänien, am Atakier Ufer standen ungefähr alle hundert Meter bewaffnete Posten. Aber das wußten wir da noch nicht.

Wir machten jeden Tag eine Probe, bereiteten uns gründlich vor, ich mit Katica auf dem Arm. Ihr gefiel die Prozedur überhaupt nicht. Sie schrie: Nem bad-badi Dnestr! (Ja, so sagte sie!)

Man kam also zu Fuß bis zur Insel. Und wie es aussah, kam man zu Fuß noch ein ganzes Stück weiter, Ionel jedenfalls probierte es aus. Die Zeit war knapp, wir konnten nicht länger warten. Ionel gab aus Ataki das Telegramm an Adrian in der verabredeten Geheimsprache auf. Wir warteten gespannt auf die Antwort.

Ich hatte keine Ahnung, wohin Adrian uns bringen wollte, deshalb besprachen wir: Wie auch immer die Sache liefe, wenn wir am Leben bleiben, würden wir unsere Verwandten in Brassó verständigen, und durch sie würden wir dann nach dem Krieg voneinander erfahren.

Ionel machte am letzten Tag noch ein Familienfoto von uns, damit wir ein Andenken hatten.

Bald traf Adrians Antworttelegramm bei Ionel in Ataki ein. Adrian teilte das Datum seines Kommens mit und daß er am Ufer warten werde. Ionel überbrachte uns die Nachricht mit gemischten Gefühlen. Die Bedenkzeit war vorbei, an dem und dem Tag ging es los. Am anderen Ufer wartete außer Adrian auch Ionel.

Mir stellen sich jetzt noch die Haare auf, wenn ich an diese Zeit zurückdenke. An dem großen Tag – es war Ende August 1943, den genauen Tag weiß ich nicht mehr, Katica war gerade zwei Jahre und vier Monate alt – gingen wir, wie auch sonst, am Nachmittag baden.

Katica war inzwischen daran gewöhnt, sie fürchtete sich nicht mehr, wenn ihr das Wasser bis zur Brust reichte. Elemér trug sie. Wer uns ins Wasser waten sah, bemerkte nicht, daß wir zur Insel gingen. Auf der Insel setzten wir uns ein Weilchen hin. Katica fand im Sand zwei Muscheln, die drückte sie während der gesamten Durchquerung in ihrer Hand. Ich habe diese Muscheln heute noch.
Schreckliche Minuten folgten. Ich mußte mich von Elemér trennen. Es war eine Qual. Ich mußte allein in dem unberechenbaren Wasser weitergehen, denn so richtig kannten wir es nur zwischen Mogiljow und der Insel. Der Fluß mußte schräg durchquert werden, damit man in Ataki nicht sehen konnte, daß ich von der Insel kam. Wegen der Strömung wäre es auch gar nicht mehr möglich gewesen, das andere Ufer auf kürzestem Weg zu erreichen. Die schräge Richtung ermöglichte jedenfalls eine langsame und unauffällige Annäherung an das jenseitige Ufer.
Gott, steh mir bei! Mit meinem Kind auf dem linken Arm watete ich ins Wasser. Noch ein letzter Blick auf Elemér. Noch einmal sein Gesicht sehen. Er versucht, keine Miene zu verziehen. Noch ein Blick, und dann nicht mehr umdrehen. Jeder Schritt führt weiter von ihm weg. Werden wir uns je wiedersehen. Wenige Minuten noch, und auch er muß gehen. Zurück an das Mogiljower Ufer.
Mein Ufer schien unsäglich weit entfernt. Es war voller Menschen, aber ich erkannte ihre Gesichter nicht. Die Insel lag inzwischen seitlich weit hinter mir. In meiner Nähe schwamm ein Mann, außer uns beiden der einzige Mensch. Ungefähr auf halben Wege wurde das Wasser tiefer. Es reichte mir bis zur Brust, dann bis zum Hals. Ich hob Katica in die Höhe, so hoch, wie ich konnte. Ich wäre umgekehrt, aber die Strömung ließ es nicht zu. Katica schrie aus vollem Hals, sie umklammerte meinen Hals, ich erstickte fast. O mein Gott, was soll ich tun, ich habe keinen Grund mehr unter den Füßen. Zu schwimmen war unmöglich. Ich versuchte es mit Wassertreten, während ich mit der Rechten das Wasser teilte, aber Katica zappelte und zog mich nach unten. Für mich allein wäre es kein Problem gewesen, ans Ufer zu schwimmen, aber mit dem schreienden Kind auf dem Arm?
In diesem Augenblick spürte ich, daß eine kräftige Hand meinen linken Ellbogen faßte und mich nach oben drückte. Es war der junge Mann, den ich in der Nähe hatte schwimmen sehen. Mein linker Arm, der Katica hielt, war in Sicherheit, der junge Man hielt nicht

nur den Ellbogen, er schob mich im Schwimmen vorwärts. Nun konnte ich mir mit Wassertreten und mit Schwimmbewegungen des rechten Arms helfen. Jetzt zahlte sich aus, daß ich eine gute Schwimmerin bin. Ich schaffte die ziemlich große Distanz mit dem zappelnden Kind im Arm.
Gemeinsam näherten wir uns dem Ufer. Auf einmal fühlte ich Boden unter den Füßen, das Wasser wurde wieder seichter. Als es mir nur noch bis zur Hüfte reichte, ließ mich der junge Mann los und verschwand ohne ein Wort. Ich wußte nicht einmal, wie er aussah. Ich watete an Land, aber Katica, die wie ich einen großen Schreck erlebt hatte, schrie und schrie. Ich war erschöpft. Doch dann kam Ionel auf uns zu gelaufen. Das Gebrüll lockte Menschen an, alle Augen waren auf uns gerichtet. Ich trug nur ein Unterkleid, und so naß, wie es an mir klebte, sah es vermutlich aus, als wäre ich nackt. Zu der Flucht hatte ich keinen Badeanzug anziehen können, hier hätten sie gleich gemerkt, daß ich keine Einheimische war. Die hiesigen Frauen gingen in weiten Faltenröcken ins Wasser.
Meiner Überzeugung nach hatten die Grenzwächter gesehen, daß ich von der Insel kam, und ich rechnete damit, daß sie uns sofort erschießen würden. Ich wollte wenigstens um das Leben meines Kindes bitten, Ionel und Adrian sollten es unter Ihre Fittiche nehmen. Was ich durchgemacht hatte, war so schrecklich, daß es mir nicht mehr besonders schlimm erschienen wäre, festgenommen zu werden. Und tatsächlich kamen die Grenzwächter, die sich in der Nähe befanden, aber statt mich festzunehmen, musterten sie mich anerkennend und machten entsprechende Bemerkungen. Wenn sie gewußt hätten, daß ich vom anderen Ufer kam! Ich hätte keinerlei Aufsehen erregen dürfen, doch nun stand ich im Mittelpunkt des Aufsehens. Damit hatten wir nicht gerechnet.
Ionel hatte eine rettende Idee. Laut erklärte er allen: „Wenn ein Kind den Keuchhusten hat, muß man es weit ins Wasser hinaus tragen, dann verschwindet der Husten." Na klar, ich war mit meinem Kind in den Fluß gegangen, damit – so will es der Aberglaube – sein Keuchhusten verschwand. Alle Anwesenden, die Soldaten eingeschlossen, amüsierten sich darüber. Niemand dachte, ich wäre aus Mogiljow gekommen. Man hielt mich für einen Badegast, eine dumme Mutter, die mit dem Kind weit hinaus ins Wasser gehen wollte, aber das Kind schrie zu sehr. Diese Geschichte wirkte sehr natürlich und glaubhaft.

Ich erfuhr, daß der junge Mann, der uns gerettet hatte, mit Ionel zusammen diente. Er hieß Sia und war ebenfalls in Ataki stationiert. Ionel hatte ihn eingeweiht, und Sia hatte sich bereiterklärt, uns von der Insel an im Auge zu behalten, damit uns nichts zustieß. Ich habe mich nicht bei ihm bedanken können, wir sind uns nie wieder begegnet. Wo er auch sein und wie es ihm auch gehen mag, Gott soll ihm hoch anrechnen, was er für uns getan hat.
Ionel führte uns aus dem Menschenauflauf. In einiger Entfernung wartete Adrian, als wäre er nur zum Baden am Ufer. Für mich lagen Kleidung und Schuhe bereit, als hätte ich die Sachen dort abgelegt. Mit zitternden Händen zog ich mir Kleid und Schuhe an. Adrian knurrte mich an, ich solle lächeln. Und gleich danach: „Lieber doch nicht." Mein Gesichtsausdruck war, sagte er mir später, so fürchterlich gewesen, daß er gemeint hatte, jemand könnte auf die Idee kommen, daß hier etwas nicht stimmte. Ich versuchte also zu lächeln, doch das sah noch fürchterlicher aus.
Inzwischen kümmerte sich aber niemand mehr um uns. Ionel führte uns zu seiner Wohnung, das mag gegen neunzehn Uhr gewesen sein. In der Wohnung – Stube und Küche – angekommen, rieb sich Ionel die Hände, zufrieden, daß wir es geschafft hatten. Doch die Gefahr war immer noch groß. Jemand konnte uns gesehen haben, wir konnten aufgefallen sein, die Stadt war winzig, eher ein großes Dorf. Alle kannten Ionel, grüßten ihn und musterten uns neugierig. Da Ataki Grenzstadt war, wurde alles strenger kontrolliert als anderswo. Adrian hatte mir ein bulletin, d. h. einen Personalausweis, fälschen lassen und mitgebracht. Der Ausweis gab mich als seine Frau aus. Ich sah darin tatsächlich mein Foto und ich wußte nicht, woher er es sich besorgt hatte.
Wegen der vielen Aufregungen hatte ich vergessen, Katica den nassen Spielanzug auszuziehen und sie warm einzuwickeln. Der Anzug trocknete an ihrem Leib, aber schon am nächsten Tag zeigten sich Anzeichen der Unterkühlung, obgleich sie noch nie erkältet gewesen war.
Wir hielten Kriegsrat. Der nächste Zug fuhr am Morgen, wir wollten bei Ionel übernachten und mit dem Morgenzug möglichst bis Lipcani fahren, einen Eisenbahnknotenpunkt. Wenn das gelang, konnten wir uns dort in der Menge verlieren und waren außer Gefahr. Doch bis dahin konnte noch viel passieren, zum Beispiel Ausweiskontrollen mit ungewissem Ausgang. Das konnte schon am

Morgen auf dem Bahnhof geschehen. Gerade als wir diese Dinge besprachen, klingelte es. Das Blut gefror uns in den Adern. Draußen stand ein deutscher Soldat, der Ionel irgendeine Arbeit brachte. Die Panik legte sich.
Ich sah mich um. Eine primitive, dörfliche Stube, aber nach den Räumen im Lager war sie geradezu wunderbar. Am Fenster hing ein Vorhang aus hellblauem Krepp-Papier. Ich bestaunte ihn. Für meine durstigen Augen war er eine Verkörperung des Luxus. Auch ein Radio gab es, Musik spielte. Katica machte große Augen, zeigte staunend auf alles: „Mama, da, da!" Adrian und Ionel beobachteten gerührt, wie wir alles bewunderten: die Tisch- und die Sofadecke, das Paradekissen, die Wanduhr, den Aschenbecher. Eigentlich war alles kitschig, aber wir fanden es großartig.
Ich war immer noch wie betäubt. Einerseits von dem gerade erst überstandenen Wasserabenteuer, andererseits von diesem Zauberschloß mit allem Drum und Dran. Nicht lange, und Katica schlief auf dem Sofa ein. Auch ich war todmüde, wollte nur noch schlafen, alles vergessen, nicht mehr aufwachen. Der Gedanke an Elemér durchfuhr mich schmerzend wie ein Pfeil. Ich sah Elemér immerzu vor mir, wie er auf der Insel stand, als ich zurückblickte. Wir hatten uns nicht einmal die Hand gegeben. Schlafen, schlafen. Aber das ging nicht. Ionel wollte, wie nach gut verrichteter Arbeit, Abendbrot essen. Und er hatte ja alles gut verrichtet. Selbstverständlich war jetzt ich gefordert. „So", sagte er, „und jetzt macht uns die Frau im Haus ein Abendessen!" – „Aber was?" fragte ich. – „Gehen Sie in die Kammer, dort finden Sie alles." Ich stolperte also in die Kammer und staunte von neuem. Schlagartig wurde ich wieder ein wenig munterer. Ein großer Topf Schmalz, eine Kiste Kartoffeln, ein Korb Zwiebeln. Schnell kochte ich ein Kartoffelpaprikasch. Die Männer ließen es sich schmecken, aber ich konnte kaum noch die Augen offenhalten und schlief neben Katica auf dem Sofa ein.
Am Morgen standen wir früh auf. Noch wußte ich nicht, wohin Adrian uns bringen würde. Einerlei, dachte ich, das bleibt ihm überlassen. Hauptsache, Katica ist dort in Sicherheit. Er wird es mir unterwegs schon sagen. Erst einmal reibungslos zum Bahnhof gelangen und unauffällig die Fahrkarte kaufen. Es gelang. Wir stiegen in den Zug. Ionel und Sia warteten in einiger Entfernung auf die Abfahrt. Ein letzter Blick auf Mogiljow. Am anderen Ufer, mit wehem Herzen nahm ich Abschied von Elemér.

Ein Oberst trat in unser Abteil. Er hieß einen Soldaten aufstehen und ließ sich genau uns gegenüber nieder. Ständig sah er mich an. Ich hatte mit Adrian abgesprochen, daß ich mit niemandem ein Wort wechseln würde, da meine Aussprache verraten konnte, daß ich keine Rumänin war. Ich tat so, als hätte ich starke Kopfschmerzen. Der Oberst begann ein Gespräch mit Adrian und erzählte, daß er aus Tiraspol komme, wo er zur Inspektion war. „Man stelle sich das vor, dort hat es Fluchtversuche aus dem Lager gegeben. Sie gelangen natürlich nicht, aber die Wachen mußten verstärkt werden." Als ich das hörte, war ich mir sicher, daß er über meine Flucht mit dem Kind informiert war und mich deshalb so ausdauernd anstarrte. Gleich würde er uns festnehmen. Katica begann wie wild zu husten. Da erkundigte sich der Oberst nach ihr und fragte sie, wie alt sie sei und wie sie heiße. Katicas Sprachkünste waren zum Glück noch so unentwickelt, daß sich die Sprache, die sie benutzte, nicht eindeutig feststellen ließ. Es konnte Rumänisch sein, aber ebensogut eine andere Sprache. Der Oberst stellte fest, daß das Mädchen genauso aussah wie sein Vater, also Adrian. Auf seine Fragen antwortete Adrian, ich schwieg und hielt mir den Kopf. Ich dachte: Dieser Oberst provoziert uns nur, gleich schlägt er zu. Adrian hatte meinen Zustand durchschaut und sagte: „Komm, Schatz, wir setzen uns auf einen sonnigen Platz, dann gehen deine Kopfschmerzen vielleicht weg." Wir setzten uns also auf einen sonnigen Platz, was in der schrecklichen Hitze eine Marter war, aber wir waren den Oberst los, von dem sich letztlich erwies, daß er ahnungslos war, was uns betraf. Aber wer keine weiße Weste hat, der phantasiert.
Am Abend trafen wir glücklich in Iași ein. Wir mußten aussteigen, denn Katica hatte hohes Fieber. „Die Nacht verbringen wir im Hotel", bestimmte Adrian, „und morgen früh suchen wir einen Arzt." Vom Hotelzimmer aus ging Adrian noch einmal hinunter, um uns etwas zu essen zu holen. Ich blieb mit Katica allein. Ich überdachte meine Situation und wartete in größter Unruhe auf Adrians Rückkehr. Er brachte Brot, Butter und Schinken. Wir fielen darüber her, denn wir hatten den ganzen Tag nichts gegessen. Am Morgen gingen wir in die Stadt, um einen Arzt zu suchen. Zum erstenmal nach langer Zeit sah ich wieder eine echte Stadt mit Geschäften, großen Häusern, ordentlich gekleideten, eiligen Passanten – ganz wie früher. Wir fragten in einer Apotheke. „Es gibt hier in der Nähe

einen Kinderarzt, Doktor Pineles, aber er ist Jude", wurde uns gesagt. „Macht nichts", sagte Adrian. Doktor Pineles untersuchte die fiebernde und hustende Katica, stellte eine Bronchitis fest, gab Anweisungen und schrieb Medikamente auf.

Wir mußten schleunigst weiterfahren, denn Adrian sollte sich in zwei Tagen bei seinem Regiment in Lugos melden. Unterwegs weihte er mich ein, wohin und zu wem es ging. Adrian war Moldawier, er war in Oniceni, einem kleinen Dorf bei Roman, geboren, war früh Kadett geworden, hatte dann eine Offiziersschule besucht und das Heimatdorf nur in den Ferien gesehen. Sein Vater war im Ersten Weltkrieg gefallen, seine Mutter lebte noch als Lehrerin in dem Dorf. Der Großvater war zu Lebzeiten Dorfpope gewesen, ein Onkel Dorfnotar. Die Familie bildete die Intelligenz des Ortes. Das Dorf selbst war sehr klein und rückständig, die Bewohner sehr arm und Analphabeten. Adrian wollte uns zu seiner Mutter bringen.

Im Zug erzählte er mir erstaunliche Dinge über meine Schwester Elli. Vor dem Krieg hatte Adrian in Marosvásárhely gedient. Ich hatte in dieser Zeit nicht zu Hause gewohnt und wußte nur vom Hörensagen, daß sich Elli heftig in einen rumänischen Offizier verliebt hatte. Es lag an den Umständen, daß sie nicht heiraten konnten. Entsprechend dem Wiener Schiedsspruch vom 30. August 1940 wurde ein Teil Siebenbürgens, wozu auch Marosvásárhely gehörte, Ungarn zugeschlagen. Adrians Regiment zog nach Rumänien ab. Elli war danach behördlichen Belästigungen wegen des rumänischen Offiziers ausgesetzt gewesen, sie wurde zu Verhören geholt und bedroht. Obendrein war sie Jüdin, und der Antisemitismus hatte da schon gefährliche Dimensionen angenommen. Elli befand es für richtig, zu verschwinden, solange es noch ging. Adrian folgte ihr und half ihr über die Grenze nach Rumänien. Dort setzte sich der Ärger jedoch fort. Es mußte rasch gehandelt werden, denn es war abzusehen, daß man Elli verhaften und in ein Lager sperren würde. Elli brauchte ein Versteck. Adrian offenbarte sich seiner Mutter, sie war bereit, Elli in ihrem Haus Unterschlupf zu gewähren. Die Verhältnisse waren günstig: ein schönes Haus in einem riesigen Garten, weit und breit keine Nachbarn, das nächste Haus weit entfernt. Adrians Mutter verkehrte mit niemandem, auch zu ihr kam niemand, nicht einmal ihr Bruder. Sie war fünfzig Jahre alt und es ging ihr sehr gut. Ihr wesentlich jüngerer Mann, Costica, diente beim Militär in Roman, ihre Tochter Gabriella – Adrians Schwester – studierte in Bukarest.

Wir trafen nachts in Roman ein, ein Fuhrwerk brachte uns mit dem kranken Kind nach Oniceni, wo wir erwartet wurden. Wer hätte gedacht, daß ich auf einmal meine Schwester Elli nach Jahren und unter solchen Umständen wiedersehen würde! Zuletzt war ich im Juni 1940 in Marosvásárhely gewesen. Ich lebte damals in Bukarest und wollte zwei Wochen zu Hause verbringen, aber nur wenige Tage nach meiner Ankunft, am 28. Juni 1940, erfolgte der Anschluß der nördlichen Bukowina und Bessarabiens an die Sowjetunion. Im Land herrschte ein großes Durcheinander. Elemér schickte aus Bukarest ein Telegramm, ich solle sofort zurückkommen. Also fuhr ich zurück. Damals hatte ich meine Eltern zum letzten Mal gesehen. Wenig später, am 11. Juli 1940, heirateten Elemér und ich.

Man kann sich ausmalen, was das Wiedersehen für uns Schwestern bedeutete. Elli hatte sich damals schon zwei Jahre versteckt und hatte das Haus nicht mehr verlassen. Da es ihr an Bewegung fehlte, war sie dick geworden, dazu grau von dem, was sie durchgemacht hatte, aber ihr Gemüt und ihr Humor hatten sich nicht verändert. Wir hatten viel zu besprechen! Tanti – so nannten wir Adrians Mutter – vergötterte ihren Sohn, für ihn hatte sie sich liebevoll auf das gefährliche Unternehmen eingelassen, Elli versteckt zu halten, und das schon seit so langer Zeit. Sie war eine mutige Frau. Und jetzt nahm sie auch noch mich und mein Kind unter ihre Fittiche. Sie tat das so schlicht, als wäre es eine Selbstverständlichkeit. Als erstes verlangte das kranke Kind ihre ganze Aufmerksamkeit. Die Medikamente des Arztes hatten nicht wirksam genug angeschlagen. Tanti griff auf ihre alten, in der Lehrerbildungsanstalt erlernten Rezepte zurück und machte verschiedene Bäder, Umschläge und Packungen. Katica erholte sich bald.

Danach wurde ich krank. In Mogiljow war in der letzten Zeit Keuchhusten ausgebrochen. Anscheinend hatte ich mich angesteckt, jetzt brach die Krankheit durch. Es war ein sehr schwerer Keuchhusten, ich sprang nachts aus dem Bett, war dem Ersticken nahe, raufte mir die Haare. Der Husten dauerte lange. Katica steckte sich zum Glück nicht an.

Bald tauchte das nächste Problem auf. Meine Menstruation blieb aus, ich war schwanger. Natürlich mußte etwas unternommen werden, ich wollte die Situation nicht noch zusätzlich verkomplizieren. Wir warteten den entsprechenden Zeitpunkt ab, und Tanti fuhr mich mit dem Fuhrwerk zum Bahnhof und begleitete mich mit dem Zug nach Roman. Dort gingen wir in die Wohnung von Costica, Tantis Mann, der als Leutnant in Roman stationiert war. Im übrigen war auch er Lehrer in Oniceni gewesen. Costica war ein großer, brünetter Mann, erst dreißig Jahre alt. Er empfing uns sehr freundlich und versprach, zu helfen und den Mund zu halten. Ich brachte den Eingriff hinter mich, und wir kehrten, wiederum im Dunklen, nach Oneceni zurück.

Da Tantis Haus so isoliert stand, meinten wir, daß wir nicht gesehen würden, und so ging ich im September noch mit dem Kind in den Garten. Katica hatte viel Spaß. Es gab einen Hühnerhof und einen Schweinestall. Am besten gefielen ihr die Truthühner. Sie sah Geflügel und Schweine zum erstenmal. Tiere hatten es ihr angetan. Ihre Lieblinge waren aber der kluge, kleine, schwarze Hund Cutulachi und die ständig in der Küche liegende Katze.

Eines schönen Tages im September schickte uns Ilonka, meine andere Schwester, die Nachricht vom Tod ihres Mannes, des Dichters Ernö Salamon. Er war zum Zwangsarbeitsdienst in die Ukraine verschleppt worden, und ein italienischer Soldat hatte ihn erschossen. Ich hatte Ernö sehr gemocht, wir waren gute Freunde gewesen, ich habe viele gute Erinnerungen an ihn aus den Vorkriegsjahren. Unvergeßlich sind mir die Zusammenkünfte im Haus meiner Eltern, Literaturabende von hohem Niveau, deren treibende Kraft und Mittelpunkt der lebensmutige, athletische, überschäumende Ernö Salamon war. Es war, als knisterte in seiner Gegenwart die Luft. Seine Gemütsbewegungen – ob heiter, ob trübe – rissen jeden mit. Er glich einem Riesenbaby: rein, geradlinig, ehrlich, unverdorben. Diesen Ernö hatte ein Niemand erschossen. Später erfuhr ich Genaueres über die verhängnisvolle Tragödie. Ernö hatte Flecktyphus, in einem Fieberanfall tobte er, er wolle nach Hause. Die Ukrainerin, bei der die jüdischen Arbeitsdienstler einquartiert waren, rannte erschrocken auf die Straße und holte den erstbesten Soldaten herein, der den Fieberkranken auf der Stelle erschoß. Das war es, so beendete einer der Größten der modernen ungarischen Lyrik, dieser wundervolle Dichter der Armen, sein Leben.

Ich hörte die Todesnachricht und lief hinaus in den Garten, damit mich niemand sah. Ich umschlang einen Baum mit herbstlich gelbem Laub, als erwartete ich Trost von ihm, und weinte mich aus.

Ab und zu fiel ein Blatt auf mich herab. Ich weinte um Ernö und auch um meine Schwester Ilonka, die diesen unerträglichen schmerzlichen Verlust erlitten hatte.
Neue Ereignisse drängten die Trauer aber schon bald in den Hintergrund. Im ganzen Dorf glaubte man, Tanti lebe allein im Haus. Jemand mußte uns jedoch gesehen haben, denn eines Tages sprach bei Tanti der Dorfgendarm vor, er habe gehört, Tanti beherberge ein sechzehnjähriges (!) siebenbürgisches Mädchen, er weise sie darauf hin, daß das Mädchen dem Gesetz entsprechend angemeldet werden müsse. Tanti antwortete, das Gesetz kenne sie selber, die Verwandte sei nur ein paar Tage zu Besuch, um Lebensmittel in der Stadt zu holen, sie anzumelden habe sich nicht gelohnt. Das Gespräch fand in der Küche statt. Unvermittelt öffnete der Gendarm die Tür zur Stube und plötzlich sah er nicht eine, sondern drei Personen. Aber eine Überprüfung gab es nicht, weil Tantis Familie nunmal die vornehmste in dem kleinen Dorf war und der Gendarm an Tantis Worten nicht zu zweifeln wagte.
Von da an ging ich mit Katica nicht mehr in den Garten. Damit sie trotzdem frische Luft bekam, nahm ich sie abends, wenn es dunkel war, auf den Arm und ging mit ihr im Laufschritt auf und ab. Sie verstand, daß sie still sein mußte.
Mitunter passierte es, daß der eine oder andere Bauer mit einem Anliegen zu Tanti kam. Sie sprach mit jedem in der Küche, während wir uns in das hinterste Zimmer verzogen und still und regungslos warteten, bis die Küche wieder frei war. Niemand vermutete, daß sich in Tantis Haus drei Personen versteckten. Wir mußten ganz sicher gehen, daß sich Katica absolut still verhielt, deshalb jagten wir ihr – gegen alle meine pädagogischen Prinzipien – einen Schreck ein. Wir sagten: „Ban-Ban steht draußen, sei bloß ganz leise, sonst kommt er herein und nimmt dich mit." Katica schien das Märchen zu glauben. Aber es dauerte nicht lange und sie war es, die uns mit Ban-Ban erschrecken wollte. Es zeigte sich, daß sie uns kein Wort geglaubt hatte, aber wir sollten ihr glauben.
In Oniceni sprachen wir von Anfang an auch untereinander nur rumänisch. So kam es, daß Katica zuerst rumänisch sprechen lernte. Sie liebte Märchen, man konnte ihr gar nicht genügend erzählen. Sie wußte, wenn Gefahr drohte, also wenn ein Fremder in der Küche war, bekam sie jeden Wunsch erfüllt, nur damit sie still war.

Diese Situation nutzte sie aus und verlangte, daß ich ihr sofort ein Märchen vorlas, was ich dann flüsternd tat.
In Oniceni speisten wir wie im Schlaraffenland, es gab alles reichlich, und Tanti kochte wunderbar. Mir tat das Herz weh, wenn ich an meinen im Lager hungernden Elemér dachte.
Meist verging ein Tag wie der andere. Katica machte mit dem Sprechen immer größere Fortschritte. Elli und ich nähten ihr Kleidung, ein Nachthemd, Rock und Bluse, eine Schürze. Die Schürze hebe ich heute noch auf, Elli hat sie genäht, ein Pepitastoff mit roter Paspel. Meisterhaft genäht, man sieht kaum, daß Elli keine Maschine benutzte. Die Arbeit ging langsam voran, aber wir hatten ja reichlich Zeit. Außerdem lasen wir viel. Tanti hatte eine hübsche kleine Bibliothek. Bei ihr las ich Ben Hur, und mich beeindruckte sehr, was ich über Jesus erfuhr. Es bestärkte mich in dem Vorsatz, den ich anläßlich des Wunders der drei Brote gefaßt hatte: Jesus kennenzulernen. Dies hier war meine zweite Begegnung mit ihm, und er drang in meine Seele ein, ohne daß ich ihn kannte.
Ich betete regelmäßig für Elemér. Ich hob mir Katica auf den Schoß, sie legte die Hände zusammen, und sie verstand, worum es ging. Ganz genau sprach sie mir mit geheimnisvollem Gesichtsausdruck nach, was ich ihr vorsagte. Schnell merkte sie sich die Wörter und sagte sie von selbst auf. Ich hoffte inständig, daß Gott uns erhörte. Und er erhörte uns.
Die friedliche Ruhe und Stille wurde nur gestört, wenn Tanti uns an den Wochenenden allein ließ, weil sie zu ihrem Mann nach Roman fuhr. Samstag nachmittag begannen die Vorbereitungen, sie packte die feinen Sachen ein, Braten, Schinken, gefülltes Kraut und ähnliches. Wir fürchteten uns allein im Haus, man konnte ja nie wissen. Licht durften wir nicht machen, jemand hätte es bemerken können. Heizen konnten wir auch nicht, denn der Rauch über dem Schornstein hätte den Verdacht wecken können, daß jemand im Haus sei. Alle im Dorf wußten, daß Tanti samstags zu ihrem Mann fuhr. Wir hatten einen sehr harten Winter und Angst, Tanti könnte unterwegs etwas zustoßen. Wölfe zogen umher, und Tanti mußte aus Bacești, dem Nachbardorf, im Fuhrwerk kommen. Wir warteten ungeduldig. Einmal machten sich Diebe auf dem Hof zu schaffen, wir mußten durch das Küchenfenster zuschauen, wie sie die Hühner stahlen, und hatten Angst, sie könnten auch ins Haus kommen und uns entdecken. Die Wochenenden waren qualvoll. Natürlich

konnten wir Tanti keine Vorwürfe machen, schließlich war es schon großzügig genug von ihr, daß sie uns versteckte und mit allem üppig versorgte. Zudem vergötterte sie Katica.
Adrian kam ein paar Tage nach Hause. Die Freude war groß. Er brachte Berge von Geschenken mit, hauptsächlich für Elli. Seine Freunde in Lugos schickten Katica Spielzeug, eine kleine Kautschukpuppe, dazu eine kleine Wanne, einen kleinen Wagen und so weiter. Glücklich spielten wir damit. Aber noch wertvoller waren die schönen Bilderbücher und das Lesebuch für Erstklässler, das so viele farbige Bilder enthielt. Meine Nichte in Brassó hatte Adrian auch einen Koffer voll Anziehsachen mitgegeben. Die kamen mir sehr gelegen, denn ich hatte ja nichts. Mit großer Freude bestaunte ich die lange entbehrten Dinge.
Freude empfand ich auch, als ich merkte, daß Katica ein großartiges Gedächtnis hatte. Alle Gedichte und Reime der Bilderbücher konnte sie nach kurzer Zeit auswendig. Aber auch die Texte des Lesebuchs für Schulanfänger sagte sie so fehlerfrei auf, als ob sie läse. Das war erstaunlich, denn sie wurde erst im Frühjahr drei Jahre alt. Mit ihren Fähigkeiten hätte sie jeden irregeführt.
Diesmal fotografierte uns Adrian. Die Bilder schmuggelte er nach Marosvásárhely. So sahen meine Eltern ihr einziges Enkelkind wenigstens auf einem Foto. Leider bekamen sie es nie mehr leibhaftig zu Gesicht.
Weihnachten nahte. Nun lernten wir Tantis hausfrauliche Talente von einer ganz neuen Seite kennen. Es war Zeit, das Schwein zu schlachten. Die ohnehin reichlich gefüllte Speisekammer barst fast vor Schinken, Dauerwürsten, Grieben und Fleisch. Höhepunkt der Festvorbereitungen aber war die Zubereitung des „cozonac", einer Art Gugelhupf. Der cozonac war eine moldauische Spezialität. Tanti brauchte tagelang, um eine riesige Menge davon herzustellen. Der Kuchen hielt sich dann monatelang. Den Teig knetete sie ausschließlich mit Butter, Öl und Eigelb. Sie verwendete das Gelbe von zweihundert Eiern. Das Eiweiß gab sie den Schweinen, aber es war so viel, daß es die Schweine bald nicht mehr mochten. Ich bin überzeugt, so einen „cozonac" kann außer Tanti niemand backen. Und dann erst der Riesenkessel gefülltes Kraut auf moldauische Art! Unvorstellbar.
So erwartete Tanti ihre zu den Weihnachtstagen heimkehrenden Lieben. Und alle kamen. Aus Roman Costica, ihr Mann, aus Bukarest

ihre Tochter Gabriella und aus Lugos ihr Sohn Adrian. Leben zog ins Haus ein. Alle waren wie immer in Katica verliebt. Als sie Gabriella zum erstenmal sah, sagte sie zu ihr: „Tita Lela." Was bedeutete, daß sie weiße Strümpfe hatte, nicht schwarze. Adrian brachte ihr ein Paar Schuhe mit, auch die zeigte sie stolz vor.
Nach der langen klösterlichen Einsamkeit tat es uns gut, endlich wieder unter vielen Menschen zu sein und Nachrichten aus der weiten Welt zu hören. Mich freute Katicas großer Erfolg, aber an Elemér dachte ich mit blutendem Herzen.
Wir verbrachten angenehme Weihnachtstage und freuten uns, daß die Besucher bis nach Neujahr blieben.
Endlich das große Silvesteressen! Wieviele Gänge es gab, kann ich gar nicht mehr sagen. Wir tranken auf Elemérs Wohl. Katica saß die ganze Zeit auf Costicas Schoß, und als niemand aufpaßte, leerte sie schnell ein Gläschen Kognak. Ich erschrak, aber die Folgen beschränkten sich darauf, daß ihr Gesicht sich rötete und ihre Augen noch mehr glänzten. Sie sagte: „Pentru satatea lui Emili." Das hieß: auf Elemérs Gesundheit! Das Wort Elemér konnte sie nicht aussprechen. Gleich nach dem Abendessen zog ich mich zurück, die andern, und auch Katica, blieben noch lange wach und amüsierten sich. Adrian tanzte mit Gabriella rumänische Tänze, während die andern dazu sangen, Katica hatte ihren Spaß.
Dann war Neujahr, und am Tag nach Neujahr reisten alle dahin zurück, woher sie gekommen waren.
Der Winter ging dem Ende zu, als Gendarmen ins Haus kamen. Tanti verhandelte in der Küche mit ihnen, wir drei saßen wie erstarrt im hinteren Zimmer und wisperten mit Kati, damit sie still war. Als sie gegangen waren, erzählte Tanti, sie seien ihr höchst verdächtig vorgekommen. Andauernd hätten sie zu der Tür gesehen, die hinten ins Haus führte, und fragten, ob sie wirklich allein wohne. Bestimmt hätten sie das Haus durchsucht, wenn sie einen Durchsuchungsbefehl gehabt hätten. Den konnten sie beim nächsten Mal leicht mitbringen. Tanti fuhr noch am selben Tag nach Roman und gab ein Telegramm an Adrian auf, er solle dringend heimkommen. Drei Tage später war er da.
Inzwischen war die Front nahe, aus dem Moldaugebiet flohen die Menschen in Massen. Adrian und Tanti entschieden, auch wir müßten fliehen. Wir mußten es bis in das Dorf Bacești schaffen, wo sich ein Bahnhof befand. Dann sollten wir mit dem Zug weiter nach Ro-

man fahren. Den Pferdewagen konnten wir nicht nehmen. Wir mußten also zu Fuß durch einen großen Wald nach Bacești.

Als es dunkelte – zum Glück war es eine sternenlose, dunkle Nacht –, stahlen wir uns aus dem Haus. Tanti und Adrian waren mit dem Weg durch den Wald vertraut. Anfangs trug Adraian das Kind auf dem Arm, doch dann zeigte sich, daß Elli in der langen Gefangenschaft einfach das Gehen verlernt hatte. Katica mußte nun von Tanti getragen werden, Elli ging an Adrian geklammert, stolpernd und mehrmals stürzend. Auch mir machte der Gang durch den dunklen, unbekannten und stacheligen Wald zu schaffen. Obendrein trug jeder einen Koffer mit dem Nötigsten. Adrian hielt seinen Revolver in der Rechten, entschlossen, sofort zu schießen, wenn wir Posten begegneten und sie uns kontrollieren wollten.

Auf dem Bahnhof von Bacești warteten bereits viele Flüchtlinge auf den Zug. Als er einlief, war er voller Soldaten. Ohne Adrian hätten wir nicht einsteigen können. Endlich kamen wir in Roman an. Auf dem Bahnhof und in der Umgebung kampierten überall Flüchtlinge, die seit Tagen auf einen Zug warteten. Niemand wußte, wann ein Zug kommen würde und ob man auch einsteigen könnte. Hier fielen wir nicht mehr auf. Wir ergatterten ein Hotelzimmer, wo wir uns endlich ausruhen und waschen konnten. Erst einmal wollten wir bis Bukarest fahren. Ein Zug dorthin sollte angeblich am Morgen in Roman eingesetzt werden. So hatten wir einen freien Nachmittag. Als erstes setzten wir uns in eine Konditorei. Am Nebentisch unterhielten sich zwei Männer, jedes Wort war deutlich zu verstehen. Ich hörte, wie der eine sagte: „Wissen Sie, was sie mit den jüdischen Deportierten in Mogiljow gemacht haben? Man hat sie verbrannt, allesamt." Vor mir verdunkelte sich die Welt. Ich wäre vom Stuhl gekippt, wenn Adrian mich nicht aufgefangen hätte. Auch er hatte es gehört, trotzdem behauptete er, um mich zu beruhigen, ich hätte es mir eingebildet. Am Abend gingen wir in ein Kino. Zum erstenmal sah Katica einen Film.

Am Morgen darauf fanden wir uns schon früh auf dem Bahnhof ein. All die unzähligen Flüchtlinge wollten wie wir nach Bukarest. Der Zug kam mit großer Verspätung, Soldaten saßen sogar auf den Dächern. Wieder half uns Adrians Offiziersrang, daß wir dennoch einsteigen durften, diesmal durch ein Fenster, und er erreichte sogar, daß wir einen Sitzplatz bekamen. Inzwischen fühlten wir uns völlig außer Gefahr.

Tantis Tochter Gabriella hatte ein möbliertes Studentenzimmer in Bukarest. Hier verbrachten wir die Nacht. Der Tag darauf war der 1. April 1944. Wir gingen wieder in aller Frühe zum Bahnhof, warteten auf den Zug nach Lugos, wo Adrian sich bei seinem Regiment melden mußte.

Ich hatte keine Ahnung, daß die andern am Abend zuvor beratschlagt hatten, was im weiteren zu tun sei, und dachte, wir würden zusammen nach Lugos fahren. Aber es kam anders. Ahnungslos wartete ich mit ihnen auf den Zug. Als er einlief, erklärten sie mir in dem Massenansturm kurz und knapp, daß ich nicht mitfahren dürfe, vielmehr sollte ich in Bukarest bleiben. Irgendwie würde ich schon durchkommen. Adrian drückte mir noch fünfhundert Lei in die Hand, dann rannten auch sie zum Zug, Katica auf Tantis Arm. Ich hörte sie weinen. „Mama, Mama", rief sie. Dann verschluckten sie der Lärm und die Menge. All das dauerte keine Minute. Ich war wie vor den Kopf geschlagen, verstand kaum, was vor sich ging. Schluchzend sah ich in die Richtung, in die sie verschwunden waren, aber ich sah sie nicht mehr.

Nach dem Krieg erzählte mir Gabriella, es sei eine Idee meiner Schwester Elli gewesen. Sie sorgte sich, Adrian würde in Lugos nicht zwei Frauen verstecken können. Tanti wollte Katica zu sich nehmen.

Und wohin jetzt? Was tun? Ich weinte einfach nur noch, wer weiß, wie lange. Aber ich mußte etwas unternehmen: Ich nahm die Straßenbahn und fuhr in die Innenstadt, dort kannte ich eine Ärztin, die aus Kolozsvár i. e. Gluj (rumänisch) = Klausenburg stammte und Elemérs Familie kannte, ihr Mann war Rumäne, sie selbst Jüdin. Vielleicht wußte sie Rat.

Ich mußte auch in der Straßenbahn weinen. Ein Offizier beobachtete mich. Bei anderen Gelegenheiten hätte er mir einen Schreck eingejagt, daß ich verdächtig sei, aber so etwas interessierte mich jetzt nicht mehr, ich dachte nur an Katica und wie sie gerufen hatte: „Mama, Mama!" Als ich ausstieg, folgte mir der Offizier und sprach mich im Gehen an: „Warum weinen Sie? Wo gehen Sie hin? Sind sie Flüchtling?" - „Ja", antwortete ich unter Tränen. „Haben Sie jemanden hier? Ein Quartier? Haben Sie Geld? Wieviel? Weinen Sie nicht, ich sehe Ihre große Not, aber hier bin ich, haben Sie Vertrauen, ich kümmere mich um Sie." Und so ging es weiter, die ganze Straße entlang, bis zum Haus der Ärztin. „Hier wohnt eine Verwandte",

sagte ich, „ich gehe zu ihr." Bevor er sich verabschiedete, wollte er mir noch ein paar hundert Lei zustecken. Er sagte, ich solle lieber ins Hotel gehen, er glaube mir die Sache mit der Verandten nicht.
Auf mein Klingeln öffnete die Ärztin selbst. Wir unterhielten uns in der Diele, sie lud mich gar nicht erst ein, näherzutreten. Schnell erzählte ich ihr von meiner Situation, woraufhin sie erschrocken entgegnete, sie habe Angst vor allen. Sie stehe unter Beobachtung, man wisse, daß sie Jüdin sein, sie sei ständig gefährdet, die meisten Bekannten seien im Lager oder im Gefängnis. Sie konnte kaum erwarten, daß ich wieder verschwand. Ich sagte: „Nur eins noch, wissen sie etwas über Sanyi F., den Cousin meines Mannes, der vor dem Krieg hier in Bukarest gewohnt hat?" – „Ja, soviel ich weiß, ist er am Leben, er wohnt an der Piaţa Sfintu Gheorgh."
Ich schöpfte wieder Hoffnung und verabschiedete mich. Als ich auf die Straße trat, sah ich wieder den Offizier. „Warum sind Sie nicht weggegangen?" – „Ich wußte doch, die Sache mit den Verwandten stimmt nicht." – „Ich gebe es zu, aber jetzt kommt alles ins Lot, ich habe die Adresse meines Cousins erfahren und gehe zu ihm." Er begleitete mich dorthin und gab mir seine Visitenkarte, falls es doch noch nötig sei, sollte ich ihn anrufen. Ich las, daß er irgendein Kapitän war und Maximilian Soundso hieß. Ich hatte den Eindruck, er wollte wirklich helfen.
Sanyi F., der nicht nur ein Cousin Elemérs war, sondern fast schon sein Bruder, wohnte tatsächlich unter der von der Ärztin genannten Adresse. Er hatte eine erbärmliche Arbeitsstelle, wurde aber zumindest nicht zum Arbeitsdienst geholt. Ihm berichtete ich kurz. Er erschrak nicht, sondern beruhigte mich. „Mach dir keine Sorgen, ich nehme dich mit zu meiner Familie, dort kannst du notfalls bis zum Ende des Krieges bleiben." Mir fiel ein Stein vom Herzen, aber nun mußte ich erst recht an Elemér denken. Ich wollte glauben, daß das, was ich in der Konditorei in Roman gehört hatte, nicht wahr war, denn man hörte so viel Widersprüchliches.
Ich beschloß, meinen falschen Personalausweis als nicht existent zu betrachten, weil ich die ständige Angst, bei geschicktem Fragen würde der Betrug herauskommen, nicht länger ertrug. Jetzt, wo Bukarest von Flüchtlingen überschwemmt war, von denen viele Gepäck, Papiere, alles verloren hatten, fiel ich nicht mehr auf. Ich wollte mich – und ich sprach es mit Sanyi ab – als moldawische Flüchtlingsfrau ausgeben, die alles verloren hatte. Und ich würde natür-

lich nicht Gottlieb heißen, sondern Kovács, denn die Art, wie ich sprach, verriet mich als Siebenbürgerin. Um Komplikationen zu vermeiden, legten wir fest, daß ich weder Mann noch Kind haben sollte, dann würde man mir keine gefährlichen Fragen nach ihnen stellen.

Sanyi wohnte im finstersten, scheußlichsten Vorort von Bukarest. Aber Sanyi konnte sich keine höhere Miete leisten, als Jude durfte er eigentlich nicht einmal arbeiten, selbst das Essen war knapp. In dem kleinen Haus befanden sich zwei Wohnungen, in der einen hauste Sanyi mit seiner Frau Sári und dem dreijährigen Sohn, in der andern der Hauseigentümer mit seiner Frau. Alle Türen gingen auf den kleinen Innenhof, wo sich auch der Abort befand, so daß sich die beiden benachbarten Familien ständig im Blick hatten. Für Sári war es selbstverständlich, daß ich bei ihnen wohnte. Wir kamen gut miteinander aus, beide, Sári und Sanyi, waren äußerst freundliche und anständige Menschen. Dem Hauseigentümer sagten sie, ich sei eine Verwandte, ein Flüchtling. Er war damit einverstanden, daß ich blieb, aber seine Frau musterte mich ständig mit haßerfüllten Blicken, und ich merkte, daß sie mit Nachbarn über mich tuschelte.

Am 2. April fuhr ich schon früh am Morgen in die Stadt – damals verkehrte die Straßenbahn noch –, um vielleicht etwas über die Lager in Transnistrien zu erfahren. Ich wollte herausfinden, ob es in Bukarest eine jüdische Gemeinde gab und wo sie gegebenenfalls zu finden war. Dort könnte man mir wahrscheinlich Auskunft geben. Aber ich traute mich nicht, jemanden zu fragen. Plötzlich fiel mir eine Frau, die mir entgegenkam mit dem Ruf „Rózsika!" um den Hals. Ich wußte nicht gleich, mit wem ich es zu tun hatte, aber dann stellte sich heraus, daß sie Ilonka H. war, meine ehemalige Kollegin an der Hochschule in Budapest. Sie stammte aus Brassó und lebte jetzt in Bukarest, ihr Mann war ein Bukarester Rumäne. Sie wohnten ganz in der Nähe, also nahm sie mich mit. Ich war überrascht, sie hatten eine elegante, geradezu pompös eingerichtete Wohnung. Wundervolle Möbel, überall getäfelte Wandverkleidung, erlesene Schmuckgegenstände, vor allem aber – und das beeindruckte mich wie immer am stärksten – viele schöne Bilder und eine große Büchersammlung. Später kam ihr Mann nach Hause, der einer vornehmen Familie entstammte, und sie behielten mich zum Mittagessen da. Sie erzählten, über die transnistrischen Lager wisse man noch nichts Genaues, doch sei von geflüchteten Juden das eine oder andere zu hören. Das gab mir neue Hoffnung. Bevor ich ging, schlugen sie mir vor, am nächsten Tag wiederzukommen, inzwischen wollten sie versuchen, Näheres über das Mogiljower Lager in Erfahrung zu bringen.

In dieser Nacht hatte ich einen besonders lebhaften Traum. Ich stand in einem fremden Haus am Fenster und sah hinaus, und auf einmal näherten sich viele Flugzeuge, aber um das Haus, in dem ich stand, flogen sie einen Bogen. Am nächsten Vormittag fuhr ich in die Stadt und ging wieder zu Ilonka H. Wir standen am Fenster und unterhielten uns, da begannen die Sirenen zu heulen und wenig später kamen die Bomber. Das war der berüchtigte Bombenangriff vom 3. April, als der Bukarester Bahnhof und seine Umgebung dem Erdboden gleichgemacht wurden – samt Zehntausenden von Flüchtlingen. Die ganze Stadt wurde bombadiert, nie zuvor und nie danach wurde Bukarest schlimmer angegriffen. Ich hatte beim Pfeifen der Bomben nicht die geringste Angst, ich beruhigte Ilonka, weil ich ja geträumt hatte, daß dieses Haus verschont bleiben würde. Als ich später den zerstörten Bahnhof sah, erinnerte ich mich, daß wir vorgestern, am 1. April, noch alle zusammen dort gewesen waren. Wäre der Bombenangriff zwei Tage früher gekommen, wir hätten ihn nicht überlebt. Es war nicht das erste Mal, daß der Herrgott uns auf wundersame Weise gerettet hatte.

Der Heimweg war schwierig. Überall zerbombte Straßenbahnen, Schienen, Häuser, manchmal waren große Umwege nötig. Straßenbahnen fuhren nicht mehr, ich mußte zu Fuß in den weit entfernt liegenden Vorort. Als ich in unsere Straße kam, sah ich die Leute in Gruppen zusammenstehen und aufgeregt reden, sicherlich über das große Ereignis, dachte ich mir. Aber sonderbarerweise sahen alle mich an, zeigten mit Fingern auf mich, riefen mir Unverständliches hinterher. Ich konnte mir nicht vorstellen, was das zu bedeuten hatte. Kaum im Haus, schnauzte mich der Eigentümer an: „Zeigen Sie Ihre Papiere!" Sanyi und Sári beschwichtigten ihn.

Am Morgen stapfte ich mit Sanyi in die Stadt. Er ging zur Arbeit, ich zu Ilonka, ob es vielleicht Neuigkeiten gab. Ihr Mann wußte immerhin, daß die Stimmung gegen die Juden allgemein milder wurde. „Denn inzwischen steht fest", sagte er „daß die Deutschen den Krieg verloren haben, und die Gescheiteren denken daran, daß sie

möglicherweise nach dem Krieg zur Verantwortung gezogen werden. Von rumänischer Seite wird man Elemér kaum noch etwas antun, und die Deutschen fliehen Hals über Kopf. Unwahrscheinlich, daß sie sich noch um die Juden kümmern."
Als ich nach langem Fußmarsch wieder in unsere Straße kam, wiederholte sich die Szene vom Vortag, aber diesmal sah es ziemlich bedrohlich aus, ich dachte schon, sie würden über mich herfallen. Mehrmals hörte ich: Spionin. Aha, daher wehte der Wind! Im Haus bemerkte ich wieder die haßerfüllten Blicke des Hausherrn, ich sah, wie er mit seiner Frau leise über mich redete. Sanyi erklärte, fortan dürfe ich nicht mehr allein draußen herumlaufen, nur mit ihm. Er war groß und kräftig, und ich sah ein, daß sich mit ihm niemand anlegen würde.
Wir schliefen schon fest, als gegen Mitternacht an unsere Tür getrommelt wurde. Draußen stand der Eigentümer, hinter ihm zwei Soldaten mit Gewehren über der Schulter. Der Hauseigentümer schwenkte triumphierend einen Haftbefehl vor meiner Nase: „Ziehen Sie sich an, und dann ab zur Polizei!" Hinter ihm stand seine Frau, den Mund vor Freude bis zu den Ohren breitgezogen. Was blieb mir übrig? Ich zog mich an. Sanyi kam mit. Solange ich lebe, werde ich ihm dankbar sein, daß er mich nicht allein ließ, daß er den Mut aufbrachte, mitzukommen.
Zufällig regnete und stürmte es stark in dieser Nacht. Vorn ging der Hauseigentümer, dahinter ich, an Sanyi geklammert, hinter uns die beiden Soldaten. So erreichten wir die Polizeistation und traten nach kurzem Warten in das Büro des Vorstehers. Sanyi mußte draußen bleiben. Am Schreibtisch saß ein junger Mann mit hübschem, intelligentem Gesicht. Ich wußte auf den ersten Blick, daß ich leichtes Spiel mit ihm haben würde. Er würde nichts gegen mich unternehmen. Ich war ganz ruhig. Nach Formalitäten forderte der Vorsteher den Hauseigentümer auf, zu sagen, was er gegen mich vorzubringen habe. Stolz, als wäre er sich seiner Wichtigkeit bewußt, reckte sich der kleine Dickwanst.
„Diese Frau ist eine englische Spionin", sagte er. „Und das ist nicht nur meine Meinung, die ganze Straße kann es bezeugen."
„So? Und woher weiß ihre Straße das?"
„Mehrere Bewohner haben gesehen, wie sie den englischen Flugzeugen winkte."
„Winkte? Womit? Einfach mit der Hand?"

„Mit einem Taschentuch. Jemand aus der Straße hat gesehen, wie sie beim Bombenangriff Zeichen gab."
„Womit hat sie Zeichen gegeben."
„Mit einer Taschenlampe."
Der Vorsteher wandte sich mir zu. „Was haben Sie dazu zu sagen, Fräulein?"
„Was kann man dazu sagen? Da kann man nur weinen oder lachen."
„Wofür entscheiden Sie sich?"
„Für das Lachen, geweint habe ich schon genug."
Der Hauseigentümer: „Diese Frau ist Jüdin, außerdem hat sie keine Papiere, und sie wohnt unangemeldet in meinem Haus."
Dem Vorsteher reichte es. So laut, daß ich erschrak, schrie er: „Rindvieh! Scheren Sie sich raus, und daß mir nicht zu Ohren kommt, Sie machen dem Fräulein Unannehmlichkeiten...!" Danach zu mir: „Fräulein, Sie können bedenkenlos bei Ihrem Cousin und seiner Familie wohnen bleiben." Und nochmals zum Hauseigentümer: „Verschwinden Sie!", so daß der sich kleinlaut verzog.
Nun versuchte mir der Vorsteher klarzumachen – ich wußte es selbst –, daß ich eine zeitweilige Aufenthaltsgenehmigung für Bukarest benötige. Eine solche, sagte er, könne nur das Polizeipräsidium erteilen. Er werde jetzt gleich einen Brief an Polizeiquästor Filipescu schreiben, den ich ihm persönlich übergeben solle.
Am Morgen darauf machte ich mich auf die Suche nach dem Polizeiquästor, der ein sehr, sehr hochrangiger Mann war. Die Korridore waren voll gestopft mit Wartenden, ich sah wenig Chance, zu ihm vorzudringen. Nach einer Weile fragte mich ein Herr, worauf ich wartete. Ich sagte es ihm, und er hieß mich sofort mitkommen. Schließlich fand ich mich in einem großen Büro wieder, wo mehrere Grüppchen vehement verhandelten, mich nahm niemand zur Kenntnis. Ich hörte, daß darüber geredet wurde, daß Juden ohne Personalausweis in Lager gebracht werden sollten. Na, sagte ich mir, dann nichts wie weg, bevor es zu spät ist.
Und schon war ich draußen.
Der Hauseigentümer ließ mich in Ruhe, aber der Tratsch seiner Frau und der Nachbarn über mich ging weiter. Sie führten etwas im Schilde. Meine Situation wurde unerträglich. Ich mußte weg. Das sahen auch Sanyi und seine Frau ein. Ich konnte doch nicht warten, bis sie mich verprügelten oder totschlugen! Diese Leute

glaubten tatsächlich, der Bombenangriff vom 3. April sei eine Folge meiner Signale gewesen. Was nützte es, daß der Polizeivorsteher des Bezirks mich in Schutz nahm, mit der ganzen Straße konnte ich den Kampf nicht aufnehmen.
Aber wohin mit mir? Wir zerbrachen uns den Kopf. Sanyi fischte aus den Tiefen seines Gedächtnisses einen lange nicht mehr gesehenen Freund, er war auch mit Elemér befreundet gewesen; ich kannte ihn aus der Vorkriegszeit. Er hieß Liviu. Wir verblieben so, daß ich es erst bei Ilonka H. versuchen sollte. Wenn es dort nicht klappte, wollte er Liviu ausfindig machen. Ich suchte Ilonka auf und erklärte ihr die Lage, aber sie fühlte sich sichtlich unbehaglich bei meiner Bitte, und als ihr Mann vorschlug, ich solle bei ihnen bleiben, Platz gebe es reichlich, funkelte in Ilonkas schönen braunen Augen etwas auf, das mich sofort verzichten ließ: „Danke schön", sagte ich. „Aber Sanyi wird schon eine Lösung finden." Ich sah, daß Ilonka sofort wieder die alte wurde, so daß unsere Freundschaft fortdauerte.
Nun war Liviu an der Reihe. Sanyi fand seine Arbeitsstelle heraus und rief ihn an. Liviu, ein gutaussehender junger Rumäne, kam sofort zu uns heraus und erzählte, er wohne mit seiner Freundin in einer Einzimmerwohnung, ich sei ihnen dort willkommen. Er nahm mich gleich mit.
Die ersten paar Tage bei Liviu vergingen normal. Liviu war nett und zuvorkommend, und weil er im Zentrum wohnte, konnte ich die Straßenbahn leicht entbehren. Ich hielt mich viel bei Ilonka auf. Von dort schrieb ich einen Brief an den Mann meiner inzwischen verstorbenen Nichte aus Brassó und bat um Antwort an Ilonkas Adresse.
Liviu und Silvia gingen tagsüber arbeiten, abends aßen wir gemeinsam zu Hause. Das Schlafproblem lösten wir so, daß sie beide das gemeinsame Bett hatten und ich auf dem großen, langen Tisch lag. Eine andere Möglichkeit gab es nicht. Liviu bot mir zwar höflich an, Silvia und ich sollten im Bett schlafen und er auf dem Tisch, aber darauf ließ ich mich nicht ein.
Es dauerte nicht lange, und Silvia wurde immer eifersüchtiger. Also mußte ich weg. „Gut und schön", sagte Liviu, „aber wohin? Ich kann dich doch nicht wieder zu Sanyi bringen." Die Sache war ihm äußerst peinlich, andauernd entschuldigte er sich, dabei war er an gar nichts schuld. Wir gingen die alten Bekannten und Freunde

durch. An wen sollte ich mich wenden, damit ich nicht aus dem Regen in die Traufe geriet?
Mir fiel eine ungarische Familie aus Marosvásárhely ein, die ich aus den Vorkriegsjahren kannte. Diese Leute waren meine einzige Hoffnung - wenn es sie überhaupt noch gab, wenn sie nicht inzwischen verzogen waren. „Los, suchen wir sie auf!"
Am Morgen ging Liviu nicht ins Büro, sondern mit mir zum Haus von Mutter Biró. Als sie mich erblickte, erstarrte sie zur Salzsäule. Dann sagte sie schnell, und diese Redewendung kannte ich längst: „Komm rein! Daß dich bloß keiner sieht! Das Haus wird beobachtet! Mutter Biró war um die Sechzig, sanft, mit einem Madonnengesicht, voller Güte und Humor. Bei ihr wohnte ihre geschiedene Tochter Ilus. In dem Haus, das ihnen selber gehört hatte, hatten sie nur im Parterre eine Stube und die Küche behalten dürfen. Beide Räume gingen auf den Hof. Die anderen Teile des Hauses hatte die Wehrmacht requiriert. Mutter Biró und Ilus lebten in ständiger Furcht, einerseits fühlten sie sich beobachtet, andererseits belastete sie die Anwesenheit der deutschen Soldaten, obgleich die so aussahen, als könnten sie kein Wässerchen trüben.
Mutter Biró und Ilus erschraken noch mehr, als ich ihnen berichtete, aber dann begannen sie mit uns zu beraten. Sie waren gutwillig und hilfsbereit. Ich war keine Verwandte, ich war nur eine flüchtige Bekannte aus früheren Zeiten, doch immerhin war auch ich aus Marosvásárhely. Wir einigten uns so: Ich sollte bleiben, aber wir würden aufpassen müssen, daß mich kein Fremder sah. Am Abend, als es dunkel war, brachte Liviu meinen Koffer.
Bei Mutter Biró hatte ich es verhältnismäßig gut. Ich schlief auf dem Sofa in der Küche, Mutter und Tochter in der Stube. Tagsüber hielten wir uns hauptsächlich in der Küche auf. Ich half beim Kochen. Wir hatten uns viel zu erzählen, Frau Biró und ihre Tochter waren lieb zu mir, ohne Hintergedanken. Doch so sehr wir uns auch bemühten, es ließ sich nicht vermeiden, daß ich gesehen wurde. Der Abort war draußen, außerdem mußte ich über den Hof gehen, wenn ich in die Stadt wollte. Nicht lange, und die Deutschen entdeckten mich. Doch vor ihnen brauchte ich keine Furcht zu haben, sie wußten ja nicht, daß ich etwas zu verheimlichen hatte.
Eines Abends kam ein Soldat mit der Ausrede, er wolle sich eine Schere borgen. Beim zweitenmal brachte er die Schere zurück, beim drittenmal wollte er wissen, ob Mutter Biró vielleicht Le-

bensmittel benötige, die nur er beschaffen könne. Es war eine eigenwillige Art, Bekanntschaft zu schließen. Schließlich kam er mit den anderen Soldaten an ihren freien Abenden zu uns. Manchmal brachten sie Mutter Biró etwas mit: Schinken, Koteletts und andere feine Sachen. Und manchmal revanchierte sich Mutter Biró mit einer Einladung zum Abendessen.
Keiner von uns konnte deutsch, wir redeten mit Händen und Füßen und lachten viel. Sie hatten gute Manieren. Aber mich störte, daß sie pausenlos bettelten: „Komm mit ins Kino, in die Konditorei, spazieren. Ich ging nie mit. Für sie war ich Mutter Birós Enkeltochter und zu Besuch aus Siebenbürgen. Frau Biró und ihrer Tochter gefiel es, daß es endlich ein bißchen lebhafter zuging, und ich mußte gute Miene machen. Immerfort flatterten sie um „Fräulein Rosi" herum (das war ich), aber nie schaffte es einer, unter vier Augen mit mir zu sprechen. Wir merkten, daß sie eifersüchtig aufeinander waren und regelrecht wetteiferten, wer es schaffen würde, mich zu erobern. Mutter Biró und Ilus amüsierten sich köstlich darüber. Ich amüsierte mich auch, aber es war mir auch lästig.
Eines Vormittags bekam ich einen Schreck. Ich war nie allein zu Hause geblieben, aber jetzt mußten Mutter Biró und Ilus beide weg. Wir vereinbarten, daß ich mich einschließen und niemanden einlassen sollte. Eine überflüssige Vorsichtsmaßnahme, denn praktisch kam nie jemand. Die Deutschen kehrten erst gegen Abend heim. Da sich der Abort auf dem Hof befand, ging ich hinaus. Doch auf dem Rückweg kam mir plötzlich ein junger Mann entgegen. Er schob ein Fahrrad. An der Tür blieb er stehen und fragte nach den Birós.
„Sie sind nicht zu Hause."
„Wann kommen sie zurück?"
„Ich weiß es nicht."
„Dann warte ich." Er lehnte das Fahrrad an die Wand und folgte mir in die Küche. „Ich bin lange nicht hier gewesen. Wohnen Sie hier?"
Und er sagte seinen Namen, aber ich hörte ihn nicht, denn in diesem Augenblick fiel mein Blick auf das hintere Schutzblech des Fahrrads und auf ein Schildchen daran, bei dessen Anblick mir das Blut in den Adern gefror. Auf dem kleinen weißen Schild stand: Chestura Poliţiei Bucureşti (Bukarester Polizeiquästur). Erledigt! Das Haus wird beobachtet, sie haben gemerkt, daß hier jemand ver-

steckt ist. Was mache ich jetzt? Wegrennen kann ich nicht mehr. In was für Schwierigkeiten habe ich Mutter Biró gebracht!
Er fragte nochmals: „Wohnen Sie also nicht hier?"
„Irgendwie schon. Nicht direkt. Ich bin nur für ein paar Tage gekommen."
„Und woher?"
„Ich bin aus Moldawien geflüchtet und bleibe nicht lange."
„Warum so eilig? Wohin wollen Sie?"
„Ja, wohin ..." Mir blieb das Wort im Hals stecken.
„Gefällt Ihnen Bukarest nicht?"
„Doch, sehr. Aber ..." ich schluckte. „Warum fragen Sie so viel? Sagen Sie, was Sie wollen. Wer Sie sind, weiß ich ja."
„So? Und wer bin ich?"
„Einer von der Polizei."
„Ja? Ein Polizist? Und woher wissen Sie das?"
„Das war nicht schwer festzustellen."
„Steht es mir ins Gesicht geschrieben?"
„Es steht Ihnen aufs Fahrrad geschrieben."
„Ich verstehe nicht, was Sie meinen."
„Verstellen Sie sich nicht, ich kann doch lesen. Da!" Und ich zeigte auf das kleine Schild.
Er sah mich an, dann begann er zu lachen. Lachte und hörte gar nicht mehr auf.
Wenn er so lacht, dachte ich, ist die Sache vielleicht doch nicht so bedrohlich. Endlich hörte er auf und sagte: „Vielleicht wissen Sie es nicht, Fräulein, aber in Bukarest hat ausnahmslos jedes Fahrrad ein solches Nummernschild. Sehen Sie die Nummer unter dem Chestura Poliţiei Bucureşti? Vertragen wir uns wieder?"
Nachdem sich jetzt alles geklärt hatte, lachte auch ich mich halb tot. Frau Biró und ihre Tochter kamen nach Hause, und wir mußten immer noch lachen. Der junge Mann war ein alter Bekannter von ihnen, ein Ungar, er hieß Gáspár und war Bildhauer.
Ich weiß nicht, ob ihm meine Dummheit so gefiel oder ich selber oder beides, jedenfalls kam er nun jeden Tag. Er redete auf mich ein, ich solle zu ihm ziehen, dort sei mehr Platz, eine Frau aus dem Dorf koche und putze für ihn, er habe ein schönes Atelier, wo er arbeite und wo ich von ihm die Bildhauerei lernen könne. Mutter Biró äußerte sich nicht, aber Ilus verriet mir, ihr gefiele Gáspár, ich sollte nicht zu ihm ziehen, damit er weiter zu Besuch käme. Aber

ich wäre sowieso nicht zu ihm gezogen. Eines Tages äußerte er, mich heiraten zu wollen, er sehe ein, sonst käme ich doch nicht zu ihm. Bei diesem Heiratsantrag waren Mutter Biró und Ilus dabei, denn ich blieb nie unter vier Augen mit ihm, und seine Einladungen zum Atelierbesuch und ins Theater nahm ich nie an. Ich wünschte keine nähere Freundschaft, aber die Gespräche machten uns allen Spaß.

Wieder einmal kamen die deutschen Soldaten mit allem möglichen bepackt zu Mutter Biró. „Wir veranstalten ein großes Essen, heute ist Feiertag, wir trinken Sekt." Ich war gerade nicht in der Küche gewesen und hatte keine Ahnung, was für ein Festtag das sein sollte. Wir standen dann alle auf, jeder mit einem Sektglas in der Hand. Als die Soldaten im Chor „Heil Hitler!" riefen, ließ ich mein Glas fallen, und es zerbrach klirrend auf dem Teller. Alle sahen mich erstaunt an. Es konnte ein Zufall sein, aber auch Absicht. Mutter Biró wurde blaß. Ich begann hysterisch zu lachen und sagte zu den Soldaten, die mich verblüfft anstarrten, in meinem schlechten Deutsch, mir hätte vor Aufregung die Hand gezittert, deshalb sei mir das Glas entglitten. Sie kamen nur schwer wieder in Stimmung, gute Laune hatte keiner. Nach dem Essen verabschiedeten sie sich. Mutter Biró und ihre Tochter schimpften mit mir, ich brächte Unheil über sie, unüberlegt wie ich sei, sie hätten mir nicht zugetraut, daß ich sie in so eine Situation brächte. „Was ist, wenn sie Verdacht geschöpft haben und einer die Gestapo holt?"

„Sie haben ja recht, Mutter Biró", sagte ich, „aber ich wollte nicht auf Hitler trinken."

Am nächsten Morgen wurde ich sehr zeitig wach. Ich ließ mir alles durch den Kopf gehen, es war quälend. Von Katica hatte ich nicht wieder gehört, mich tröstete nur, daß ich sie bei Tanti in guten Händen wußte. Aber was war mit Elemér? Wo war er? Lebte er noch? Die vielen Nachrichten und Gerüchte widersprachen sich und verhießen nichts Gutes. Weinend schlief ich wieder ein. Auf dem schmalen Grat zwischen Schlaf und Wachsein hörte ich plötzlich die Worte: „Jetzt kannst du mit seinem Kommen rechnen." Ich erwachte ganz, der Satz hallte weiter in meinen Ohren. Ich wiederholte ihn wieder und wieder, damit ich ihn nicht vergaß. Hoffnung erfüllte mich, und wenn ich den Satz auch nicht wörtlich nahm, so sagte er mir doch: Elemér lebt. Überglücklich erzählte ich den beiden Frauen davon, und sie glaubten an die Wahrheit der Worte.

Am Vormittag ging ich zu Ilonka, aber niemand war zu Hause. Die Haushälterin empfing mich mit der Neuigkeit, soeben sei eine Postkarte für mich gekommen. Sie war, wie ich erfreut sah, von meiner Brassóer Verwandten. Ich las die Karte, sie handelte von den verschiedensten Dingen, und etwa in der Mitte hieß es: Heute ist Elemér gekommen, heil und gesund. Mir begannen die Augen zu brennen, die Zeilen verwirrten sich, ich wollte nicht glauben, was ich sah, vielleicht war ich verrückt geworden oder phantasierte. Ich traute meinen Augen nicht und bat die Haushälterin, mir die Karte vorzulesen. „Wenn ich es von ihren Lippen höre, dann stimmt es." Zitternd lauschte ich. Sie las, was ich auch gelesen hatte. Und dann las sie es noch ein zweites Mal vor. Ein Zweifel war nicht mehr möglich. Ich hielt es nicht aus, ich mußte zu Mutter Biró laufen. Unterwegs brannten meine Augen immer stärker, ich mußte in eine Apotheke gehen und etwas gegen das Brennen kaufen.
Frau Biró und ihre Tochter weinten vor Freude. Ich beschloß, sofort nach Brassó zu fahren. Nur daß es um meine Augen gar nicht gut stand, sie waren gerötet, wie rohes Fleisch. So konnte ich nicht los. Ich mußte ein paar Tage lang Kompressen machen, bis die Entzündung – ausgelöst vom plötzlichen Emotionsausbruch – wenigstens ein bißchen zurückging. Inzwischen ging ich zu Ilonka, um mich von ihr zu verabschieden. Sie bat mich, ihre Eltern in Brassó zu besuchen. Sanyi suchte ich an seinem Arbeitsplatz auf, und Liviu rief ich an, ich müsse ihn sofort sprechen. Liviu kam rasch. Wir besprachen, wie wir meine Reise am besten organisieren könnten.
Die Reise war sehr problematisch. Bukarest hatte keinen Bahnhof mehr, Ankunft und Abfaht der Züge waren nach Băneasa verlegt. Straßenbahnen fuhren nicht, ein Taxi war nicht zu finden. Wie sollten wir nach Băneasa gelangen? Wir verblieben so, daß Liviu gleich losgehen sollte, ein Taxi zu suchen, und sobald er eins hatte, würde er mich abholen.
Es dauerte zwei Tage, bis er ein Taxi fand. Wir fuhren in aller Frühe ab, nachdem ich mich von Mutter Biró und von Ilus verabschiedet hatte, die so gut zu mir gewesen waren.
Der Bahnhof von Băneasa war die reinste Hölle. Menschen über Menschen, Koffer, Bündel, Gebrüll, Gedränge, Unmengen rumänische und deutsche Uniformierte, Zivilisten erzählten, die deutschen und die rumänischen Militärangehörigen ließen sie in keinen Zug einsteigen, sie schmissen sie einfach wieder raus. Bei den

einlaufenden Zügen waren die Dächer voller Menschen, auf den Trittbrettern hingen sie in Trauben. In Anbetracht der übermenschlichen Aufgabe, mich in einen Zug zu verfrachten, starrte Liviu erst einmal düster vor sich hin. Hätte ich nicht das Wiedersehen mit Elemér vor Augen gehabt, ich hätte aufgegeben. Plötzlich sprach uns in dem Gedränge ein deutscher Soldat an, er habe einen Sitzplatz für uns. So gerieten wir unter deutsche Soldaten. Einer bot mir eine Brezel an, ich nahm sie. Wir versuchten ins Gespräch zu kommen, mit Händen und Füßen. Sie fragten, wohin ich führe, und wie ich hieße. Und worüber ich mit Liviu gesprochen hätte. „Darüber", antwortete ich, „wie schwer es sein wird, in den Zug zu kommen." - „Keine Bange", sagten sie, „da helfen wir, seien Sie ganz beruhigt."
Als der Zug nach Brassó einlief, schoben sie mich wie versprochen durch das Fenster in ein Abteil voller deutscher Soldaten und baten sie, auf mich aufzupassen und mir in Brassó aus dem Zug zu helfen. Sie reichten mir noch Brezeln und Schokolade hinauf, was damals eine große Rarität war. Von Liviu konnte ich mich gar nicht verabschieden, er stand abseits, dort wartete er auf die Abfahrt. Wir winkten uns zu, und ich sah, wie froh er war, mich und die Deutschen loszuwerden.
Meine Reisegefährten baten den Schaffner, Bescheid zu sagen, wenn wir nach Brassó kämen. Inzwischen war es dunkel geworden, und ich ahnte nicht, was an diesem Tag noch auf mich lauerte. Es war spät am Abend, als der Schaffner kam. Wir waren in Brassó, und er half mir beim Aussteigen, stieg sogar selbst aus, führte mich ein paar Schritte vom Zug weg und setzte meinen Koffer ab, wobei er mit seiner Taschenlampe leuchtete. Außer mir stieg in Brassó keine Menschenseele aus. Der Schaffner sagte auch, einen Bahnhof gebe es nicht, den hätten Bomben zerstört. Es war stockdunkel, so daß ich erschrak und ihn anbettelte, mich nicht allein zu lassen. Doch er sagte: „Liebes Fräulein, ich bin im Dienst und werde bestraft, wenn ich den Zug verpasse, tut mir leid, aber Sie müssen sich selbst helfen."
So blieb ich mutterseelenallein in der Finsternis zurück. Ich hörte den Zug weiterfahren, dann herrschte tiefe Stille. Wo entlang? In welche Richtung? Lange stand ich da und lauschte. Ich fürchtete mich. Auf einmal war mir, als hörte ich Schritte. Ich begann zu rufen: „Hallo, hallo! Kommen Sie bitte hierher!" Die Antwort: „Wohin,

wo sind Sie?" Ich: „Hier, an den Schienen!" Die Schritte kamen näher. Als der Mann endlich bei mir stand, bat ich ihn, mir zu helfen und mich zum nächsten Haus zu bringen, wo ich bis zum Hellwerden Unterschlupf finden könnte. Er lachte „Haus? In dieser Gegend gibt es kein Haus und keine Straße mehr, alles weggebombt, die Bewohner geflüchtet. Aber sagen Sie schon, wohin genau Sie wollen." Ich sagte ihm die Adresse. Er: „Gut, ich nehme Sie mit in die Stadt, bis dorthin. Den Weg kenne ich, ich bin Fabrikarbeiter und arbeite mal am Tag, mal in der Nacht, zwischen den Ruinen kenne ich mich sehr gut aus." Er nahm mich an der Hand und ergriff meinen Koffer, und nach langem Stolpern erreichten wir eine Gegend, wo das Gehen leichter fiel, bis wir schließlich ins Stadtzentrum und zur Wohnung meines Cousins Laci gelangten. Es war noch Nacht, als wir klingelten. Der junge Mann begleitete mich bis in die Diele. Ich bedankte mich herzlich für seine Hilfe, und Laci gab ihm zweihundert Lei, was eine Menge Geld war.
Ich fand mich in einer schönen, eleganten Wohnung wieder. Laci und seine Haushälterin empfingen mich sehr freundlich. Meine erste Frage galt natürlich Elemér. Ich hatte gehofft, ihn hier anzutreffen, aber sie sagten, er wohne nicht hier, komme aber morgen vormittag. Ich fragte auch nach Katica, aber von ihr hatten sie nichts gehört. Die Haushälterin machte mir ein Bett zurecht, und wir legten uns schlafen.
Nun war ich in Brassó, Elemér war ebenfalls hier, jetzt mußte ich nur noch bis zum Morgen durchhalten. Vor dem Einschlafen dankte ich Gott, daß er uns behütet hatte und das sehnlich erwartete Wiedersehen herbeiführte, und ich bat ihn inständig, daß wir Nachricht über Katica bekämen – bis ich betend einschlief.
Am Morgen ging Laci, der ein respektabler Bankdirektor war, ins Büro und Zsuzsa ging auf den Markt, so daß ich allein im Hause zurückblieb. Ich wartete auf Elemér und fürchtete schon, es könnte ihm etwas zugestoßen sein. Die Zeit wollte nicht vergehen. Endlich klingelte es. Ich öffnete, und wir standen uns gegenüber, Elemér und ich.
Laci besorgte uns schon bald eine schöne Wohnung im Zentrum von Brassó. Freunde von ihm, die vor den Bombenangriffen aufs Land geflüchtet waren, überließen sie uns mitsamt der Einrichtung. Elemér und ich erzählten uns alles, was wir seit der Trennung erlebt hatten.

Jetzt übergebe ich Elemér das Wort, damit er die Geschichte seiner Flucht aus Mogiljow und nach Brassó erzählt.

Nach der Flucht von Rózsika und Katica mußte ich auf alles gefaßt sein. Daß man mich verantwortlich machte, mich verhörte, mich erschoß. Ich ergriff Vorsichtsmaßnahmen. Vor allem löschte ich mit Autosuggestion Adrians Adresse aus meinem Gedächtnis, an die das Telegramm geschickt worden war. Damit hatte ich Erfolg, ich vergaß sie völlig. Mit Ruth verabredete ich, daß wir uns immer seltener zusammen sehen lassen wollten, damit sie nicht in Gefahr kam und damit auch nicht über sie die Flucht rekonstruiert werden konnte. Zugleich behielten wir dem Lager gegenüber den Anschein bei, ich hätte mit Ruth Ehebruch begangen. Alle ließen sich irreführen.
Allmählich beruhigten sich die Gemüter, alles schien wieder in Ordnung zu sein, und ich kam zur Ruhe. Aber zu früh. Eines Tages beorderte mich ein Wachtmeister von der Behörde zu sich. In dem Büro, wo er mich verhörte, saßen in stinkendem Zigarettenqualm mehrere Männer, die Karten spielten, tranken und herumschrien.

Der halb betrunkene Wachtmeister fragte mich: „Wo ist Ihre Frau? Sie melden sich beide innerhalb von vierundzwanzig Stunden!" Irgendwie verständigten wir uns, er und ich. Ich verkaufte eilig unsere Sachen, und von der Gießerei bekam ich durch Ingenieur Jagendorf ein Schreiben, daß ich für den Betrieb unentbehrlich sei. Ich muß die Person Jagendorfs herausstreichen, der für strenge Arbeitsdisziplin sorgte sowie die Gießerei und das ganze Lager mit starker Hand, aber menschlich leitete. Als ich meine Flucht vorbereitete, mußte ich mehrmals an meinem Arbeitsplatz fehlen. Deshalb blieb mir nichts anderes übrig, als ihn in den Fluchtplan einzuweihen. Wir schulden ihm ewigen Dank für sein menschliches Verhalten.
Ich wurde ständig beobachtet. Zu der Zeit gab es bereits Nachrichten vom bevorstehenden Zusammenbruch der Wehrmacht, wiewohl sie für uns nicht überprüfbar waren.
Die hitlerdeutsche Armee brannte in ihren Rückzugsgefechten alles nieder, tötete Mensch und Vieh. Zuverlässige Hilfe bekamen sie dabei von den ukrainischen Freiwilligen (Dobrewolski). Die abrückenden Deutschen vernichteten, wo sie ein wenig Zeit erübrigen konnten, in Transnistrien mehrere Lager. Darunter auch das von Wopnjarka, das nur traurige Erinnerungen hinterließ. Im Frühjahr 1944 erschienen im Raum Mogiljow russische Partisanen, was die Behörden zur sofortigen Flucht veranlaßte. Die deutschen Truppen flohen kopflos und im bunten Durcheinander von Kanonen, Panzern, Autos, Pferdewagen, Mannschaften und Zivilisten über die Mogiljower Brücke Richtung Rumänien. Mit Frau und Kind wäre mir die Flucht unmöglich gewesen, aber so überlegte ich nicht lange, mischte mich in der Nacht allein unter die Menge und entkam in der allerletzten Stunde über die Dnjestr-Brücke. Kaum hatte ich das andere Ufer erreicht, wurde die Brücke ohne Rücksicht auf zahllose eigene Leute, die sie gerade überquerten, von den Deutschen in die Luft gesprengt, um die schnell nahenden Russen aufzuhalten. Ich war noch nicht weit weg von der Brücke, als ich die heftige Detonation hörte. Ich setzte die Flucht fort, neben mir die deutschen Panzer. Bald gabelte sich die Straße, ich schlug die Richtung nach Lipcani ein. Genausogut hätte ich die andere Straße gehen können, wo, wie ich später hörte, alle Flüchtlinge als potentielle Partisanen erschossen wurden. Von solchen Zufällen hingen viele, viele Menschenleben ab.

Ich hatte mich auf die Fluchtmöglichkeit mit Bedacht vorbereitet und eine kleine Holzkiste mit doppeltem Boden gezimmert, sie enthielt Werkzeug und im Geheimfach mein bißchen Geld und noch etwas Wichtiges. An meiner Arbeitsstelle in Mogiljow hatten die Beschäftigten ein auf den jeweiligen Namen ausgestelltes und die persönlichen Angaben enthaltendes Büchlein erhalten, darin stand natürlich „Der Jud Gottlieb Elemér". Bei der Flucht war es vorteilhaft, daß ich äußerlich wie ein schlecht gekleideter, abgehärmter ukrainischer Bauer wirkte.

Im März wird es spät hell, so hatte ich ungefähr fünf Stunden, mich im Dunkeln von Mogiljow zu entfernen. Als es dämmerte, nahmen mich mit dem Ruf „Halt, Hände hoch!" rumänische Soldaten fest und brachten mich zu dem Major, der die Einheit führte. Gründliches Verhör und Leibesvisitation folgten, ich wies mich mit dem Mogiljower Büchlein aus und durfte gehen. Bei meiner Flucht aus dem Lager hatte ich dreifach Glück: 1. als ich die Brücke überquerte, 2. als ich an der Gabelung die richtige Richtung einschlug, 3. als ich rumänischem Militär begegnete, nicht deutschem.

Im Weitergehen hielt ich die gleiche Richtung ein und wich nicht von der Straße ab, die an der Bahn entlang führte. So erreichte ich den Bahnhof von Lipcani. Am wichtigsten schien es mir, bei einer rumänischen Behörde ein amtliches Papier zu ergattern, denn das aus Mogiljow taugte nicht viel. Ich meinte, daß ich das am ehesten erreichen würde, wenn man mich verhaftete, denn nach der Festnahme wird man registriert und nicht ohne Urteil erschossen. Also meldete ich mich in Lipcani bei der Bahnhofsgendarmerie, wo ich mich einem rumänischen Wachtmeister gegenübersah. Zu ihm sagte ich: „Ich bitte um ein Stück Brot und ein Glas Wasser, dann rede ich." Er erfüllte meinen Wunsch, und während ich aß, erzählte ich, ich sei Jude und aus dem Lager Mogiljow geflüchtet. „Na und?" sagte er, „was hab ich damit zu tun? Gehen Sie, wohin Sie wollen." Ich muß anmerken, daß inzwischen auch hier der militärische Rückzug begonnen hatte.

Gleich danach, noch auf dem Bahnhof, geriet ich in eine andere Kontrolle. Ich zeigte mein Büchlein vor und wurde zu einer Gruppe geführt, die aus verhafteten jüdischen Flüchtlingen bestand. Ich war zufrieden: Jetzt bist du verhaftet. Im Zug brachte man uns nach Iași, wo wir auf der Polizeistation eingesperrt wurden. Von da brachte man die Gruppe nach Tschernowzy, aber dicht vor der

Stadtgrenze standen bereits die Russen. Bis wir am Morgen dort ankamen, hatte sich unsere Wache verdrückt. Wir waren „frei". Ich überlegte nicht lange, sondern enterte den erstbesten Güterzug, der vorbeikam und in die Richtung fuhr, aus der wir gekommen waren. Im kalten Frostwind klammerte ich mich auf dem einzigen freien, rutschigen Trittbrett neben den Puffern fest und konzentrierte mich darauf, vor Hunger und Kälte nicht eine Sekunde lang das Bewußtsein zu verlieren.
Auf einem der Bahnhöfe hielt der Zug, ein deutscher Soldat ergriff mich und übergab mich dem Gendarmerieposten. Hier wollten sie mich gleich weiterschicken, zu Fuß, zum Posten in der Nachbargemeinde. Ich kannte den Brauch, Leute „auf der Flucht" zu erschießen, und sagte, ich würde erst im Hellen losgehen wollen.
Der Weg von Dolhasca nach Paşcani dauerte zwei Tage, hier übergaben sie mich der Militärkommandantur, und die ließ mich frei. Wie fast überall wollte die Behörde mich auch hier nicht festnehmen. In Paşcani hatten die Einwohner gepackt, bereit zur Flucht vor der nahenden Front. Eine rumänische Familie nahm mich auf, drei Tage war ich kein gejagtes Wild. Ich fand keine Ruhe, irgendwie mußte ich mich legalisieren, wenn ich mein Ziel erreichen und meine Familie wiedersehen wollte. Also ging ich in Paşcani zum Militärkommandanten und bat ihn um Hilfe. Wir redeten als Menschen miteinander, aber auch er sah keine Möglichkeit, mir irgendein Papier zu geben. Er sagte: Gehen Sie nur weiter, wenn man Sie faßt, werden Sie sowieso zu mir gebracht. Diese Hilfe genügte mir erst einmal.
Unter der Plane eines Lastwagens erreichte ich die Stadt Roman. Hier gab es eine jüdische Gemeinde, aus der niemand deportiert worden war, doch die wehrpflichtigen Männer waren, wie im ganzen Land, zum Arbeitsdienst verpflichtet worden. Das erfuhr ich erst dort, ebenso, daß es eine militärische Dienststelle gab, die ständig Razzien durchführte, und wer sich nicht ausweisen konnte, mußte zum Zwangsarbeitsdienst einrücken. Man beging gerade das jüdische Osterfest, mehrere Familien luden mich ein. Nach ein paar Tagen gelang es mir, bei der erwähnten Militärbehörde vorzusprechen. Hier trugen sie in mein Mogiljower Büchlein ein, daß ich zum Brassóer militärischen Amt für die Kontrolle der Juden gehörte (Cercul de resrutare pentru evrei). Das brauchte ich, um nach Brassó weiterzureisen.

Auf dem Romaner Bahnhof warteten Tausende Flüchtlinge auf Züge, die aber nur unregelmäßig verkehrten. Und wenn einer kam, saßen selbst auf den Wagendächern Leute. Auch ich kletterte auf ein Wagendach, es war Nacht und kalt und der Wind betäubend, ich war todmüde und hatte nichts, woran ich mich hätte festhalten können. Schließlich kamen wir in Ploieşti an. Hier war die Lage ähnlich. Niemand wußte, wann Züge führen und wohin. Die Gendarmerie auf dem Bahnhof war rege: Ausweiskontrollen, Festnahmen. Ich schloß mich einer Flüchtlingsfamilie an, half, das Gepäck zu tragen, stützte eine kranke alte Frau. Weil ich zu einer Familie gehörte, war ich nicht verdächtig. Die Leute konnten sich gar nicht genug bedanken. Ich hatte es nicht mehr weit bis Brassó. Aber ungefähr zehn Stunden vergingen in höchster Anspannung bis zu dem erwarteten Zug.

Ende April 1944 kam ich nach einer unsäglich aufregenden Fahrt auf dem Dach eines Waggons zu Tode erschöpft in Brassó an. Inmitten des Gewimmels setzte ich mich auf meine kleine Holzkiste und versank in tiefen Schlaf. Eine kräftig Hand weckte mich: „Ausweis!" Ich zeigte mein Büchlein vor.

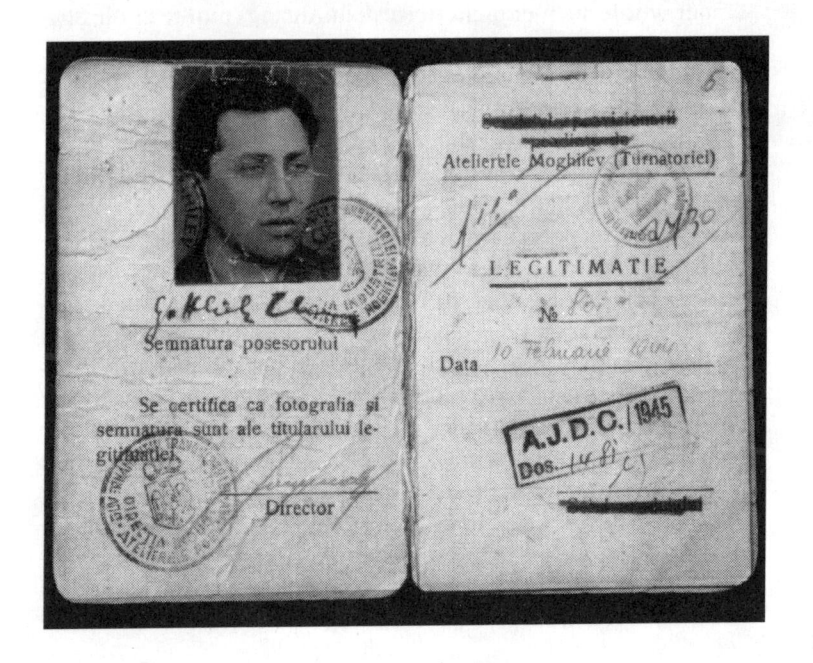

Mit klopfendem Herzen ging ich zu unseren Verwandten. Ich erfuhr, daß Rózsika und Katica lebten. In den ersten Maitagen 1944 traf Rózsika in Brassó ein. Damit bestand unsere kleine Familie nicht mehr aus drei, sondern nur noch aus zwei Teilen.
Und jetzt soll Rózsika weitererzählen, was in Brassó passierte.

So endet Elemérs Bericht. Noch war der Krieg heftig im Gange. Elemérs Ankunft in Brassó war für die dortige jüdische Gemeinde ein großes Ereignis, war er doch der erste, der dem Lager lebendig entkommen war. Elemér unternahm alles, sich selbst und dadurch auch mich zu legalisieren. Auf Grund seines Mogiljower Büchleins wurde er beim militärischen Kontrollamt für die Brassóer Juden registriert und bekam das „Livre militar pentru evrei" (Soldbuch für Juden). Daraufhin erhielten wir beide von der Polizei der Stadt Brassó - genauer, von einem sehr humanen Polizeichef namens Cioara - provisorische Personalausweise mit unseren Fotos darin. Für Elemér wurde es zur Bedingung gemacht, daß er sich wöchentlich bei der Polizei meldete. Vom Arbeitsdienst für jüdische Männer wurde auch er nicht freigestellt. Anfangs mußte er die Straße fegen, dann wurde er dem technischen Dienst einer militärischen Einheit zugeteilt. Hier kannte ihn - wie das Schicksal manchmal so spielt - sein Vorgesetzter von früher und war sehr froh. Nach den Stunden unbezahlter Arbeit war Elemér bis spät in die Nacht hinein in einer privaten Werkstatt tätig, womit er unseren Lebensunterhalt sicherte.
Wir erlebten in Brassó ein schreckliches englisches Flächenbombardement mit vielen Opfern, darunter die Eltern meiner Bukarester Freundin Ilonka. Aber zu unserer Freude kam aus Lugos von Tanti die Mitteilung, sie seien am Leben und Katica wohlauf. Nun konnten wir uns wirklich gut fühlen, zumal wir, mit dem Lager verglichen, wie Menschen lebten. Doch das Damoklesschwert schwebte über den Häuptern aller Juden, denn noch dauerte der Krieg an, und die Stadt war von den Deutschen besetzt. Alle beunruhigte die Frage - und zwar zu Recht -, ob die Deutschen vor ihrem baldigen erzwungenen Rückzug Zeit haben würden, die Juden zu liquidieren, wie es zu ihren Methoden gehörte.
Nach vielerlei Aufregungen kam einer der schönsten Tage unseres Lebens, der von Gott gesegnete 23. August 1944, als im Rundfunk

bekanntgegeben wurde, Rumänien habe das Bündnis mit Hitler aufgekündigt und sei zur anderen Seite übergetreten. Die Freude kann man nicht beschreiben. Wir wurden gleiche und freie Bürger des Landes. Hitlers Henker bedrohten uns nicht länger.

Die Front rückte immer näher. Viele bereiteten sich Verstecke vor. So auch wir, gemeinsam mit drei jungen Brassóer Ehepaaren, mit denen wir uns angefreundet hatten. Wie sich später herausstellte, hatten die Deutschen eine lange Liste mit Namen von Juden, die hingerichtet werden sollten, aber zu den Hinrichtungen hatten sie keine Zeit mehr. Nach mehrtägigen Kämpfen mußten die Deutschen den Rückzug antreten.

Der Krieg war noch im Gange, aber die Verhältnisse besserten sich bald, und als man bei der Eisenbahn nicht mehr auf den Dächern reisen mußte, war der ersehnte Tag gekommen. Wir kauften eine große Kautschukpuppe, die allerschönste, und fuhren nach Lugos. Wir sahen Katica wieder. Als ich sie an mich zog, war ich die glücklichste Mutter der Welt.

Nachwort

Ich hatte nicht die Absicht, unsere Lagergeschichte an die Öffentlichkeit zu bringen; die Überlebenden haben immer wieder über die schweren Prüfungen im Zweiten Weltkrieg geschrieben. Alle kennen das Hitlersche Programm zur Ausrottung der wehrlosen Juden. Warum trete ich gerade jetzt vor die Öffentlichkeit? Nachdem ein Artikel von mir erschienen ist – „Linie – Farbe – Wort" –, in dem ich mein kämpfendes Bemühen auf zwei Ebenen, der der Malerei und der der Dichtung, schildere, denke ich, daß unser Lagerleben doch mit einigem Interesse rechnen kann, zumal meines Wissens bisher keine detaillierte Beschreibung der transnistrischen Lager vorliegt. Das bedeutendste unter diesen war das Lager oder Getto von Mogiljow, wo ich mit meinem Mann und meinem kleinen Kind zwei Jahre verbrachte.
Wir wurden am 1. November 1941 aus Nordrumänien, der Bukowina, nach Transnistrien geportiert. Ich habe die Tatsachen aufgeschrieben, wie wir im Alltag lebten, was sich ereignete. Da ich damals noch jung war, ist es nicht verwunderlich, daß ich manchmal auch über angenehme Dinge schreibe, daß wir auch lachen konnten. Zum Beispiel war ich glücklich beim Waschen und Baden im Dnjestr, bei den nächtlichen Spaziergängen mit meiner Freundin Ruth, bei Katicas erstem Bad in warmem Wasser, an Katicas beiden Geburtstagen, bei der Kulturveranstaltung. Ich schreibe auch von zwei Abenteuern, die gefährlich begannen und gut endeten, wobei ich unerwünschte „Kavaliere" an der Nase herumführte. Ohne all dies wäre das Bild nicht vollständig. Das ändert jedoch nichts an der Tatsache, daß wir zum Tode verurteilt waren, daß unser Leben gleichsam geradlinig, wie mit dem Lineal gezogen, auf unsere Tötung zulief, und eine Abweichung von dieser Linie eigentlich nicht möglich war, aber der Lebenswille versetzte die grausame Linie in Bewegung, in Schwingungen, und so wurde unser Leben ein pausenloses Auf und Ab zwischen Hoffnung und Hoffnungslosigkeit.
Ich glaube, daß ich unser Leben dort und die allgemeine Situation, als wir den Deutschen, Rumänen und Ukrainern ausgeliefert waren, ganz objektiv beschrieben habe. Es ist nichts Neues, wenn ich sage, daß das Lager und überhaupt der Krieg bei vielen alle

menschlichen Gefühle und Eigenschaften abtöteten. Es gab viele, die sich am Elend der anderen bereichern wollten.
Ganz detailliert konnte ich nur über unser persönliches Erleben berichten, aber jede Familie und auch jeder Einzelne hatte seine eigene Schreckensgeschichte. Der erste Winter, das massenweise Verhungern und Erfrieren, die Invasion der Läuse, die Seuchen, die Hunderte von Leichen, die die Wege säumten, das alles bot einen unfaßbaren Anblick. Daß in unkalkulierbaren Abständen Menschen von der Straße weg mal auf Fußmärschen, mal in Eisenbahnwaggons in deutsche Arbeitslager jenseits des Bugs transportiert wurden, hielt alle in Angst und Schrecken. Das kann gar nicht genug betont werden. Diese Weiter-Deportationen erfolgten auf deutschen Befehl.
Den Tod der Deportierten lösten hauptsächlich Hunger, Kälte und Seuchen aus. Es gab hier nicht die entsetzlichen Massenvernichtungen und ausgesuchten Quälereien wie in den deutschen Lagern, wo über all das von uns Erlebte hinaus unmenschliche Arbeitsanforderungen, Todesmärsche, perverse Einzel- und Massenmorde und der Mißbrauch von Erwachsenen und Kindern als Versuchstiere an der Tagesordnung waren. Von diesen und anderen, jede Vorstellung übersteigenden Verbrechen haben viele andere Überlebende Zeugnis abgelegt.
Es gab Länder, wo die Hitlersche Anordnung zur Judenvernichtung nicht befolgt wurde, während andere Länder sie mit Leib und Seele befolgten. Da die Rumänen nicht zu diesen übereifrigen Henkern gehörten, blieben zehn Prozent der Deportierten, annähernd 20 000 Menschen, am Leben. Hier möchte ich anmerken, daß ich nichts weiß über das Blutbad, das die rumänische Eiserne Garde mit unerhörtem Sadismus in Iași anrichtete.
Mit dem Beginn des Krieges verschwand aus der Welt die Helligkeit, und nur die traurigen Augen der Gestirne blickten noch herab auf die Welt, die sich in den Klauen der Hitlerschen Macht wand. Aber auch da gab es noch ungewöhnlich edle und mutige Menschen. Ihre Großartigkeit kann ich in meinem Buch gar nicht genug herausstreichen. Wäre ich dazu überhaupt imstande? Sie setzten selbstlos ihr Leben aufs Spiel, ohne eigenen Nutzen, nur aus Menschlichkeit und Nächstenliebe.
Ich bin glücklich über die Edelsteine, die unter meinen traurigen Erinnerungen leuchten. Solche „Edelsteine", solche in unserem be-

scheidenen Leben wieder und wieder erstrahlenden Lichter sind vor allem die Menschen, die das unerhörte Risiko eingingen, mit uns zusammen mutig unsere Flucht vorzubereiten. Adrian Dumitru, der als Armeeoffizier aufs Höchste gefährdet war; Ionel, der einfache, warmherzige Soldat, ohne den wir nichts erreicht hätten; Ingenieur Jagendorf, der Leiter der Eisengießerei und des Werksgeländes, den Elemér in unseren Plan einweihte, damit er uns notfalls helfen konnte; Ruth Jäger, die sich als „Verführerin" zur Verfügung stellte und die Verachtung aller Nachbarn in Kauf nahm; Sia, der unbekannte Lebensretter im Fluß, den ich nie kennengelernt und nur ein einziges Mal kurz aus dem Zugfenster gesehen habe. Nach der erfolgreichen Flucht versteckte uns Tanti – Maria Catana, die Mutter Adrians – in ihrem ländlichen Haus, meine Schwester versteckte sie sogar zwei Jahre lang, mich und mein Kind acht Monate. Erwähnen will ich hier auch Tantis Mann, den Soldaten, und Tantis Tochter, die Studentin Gabriella Tiron in Bukarest. Beide wußten alles, und sie schwiegen, obwohl für das bloße Verschweigen die Erschießung drohte. Später dann, als ich allein in Bukarest war, sorgten Elemérs Cousin Sanyi Friedman und seine Frau Sári für mich, die sofort zur Hilfe bereit waren, obgleich sie sich selbst in einer sehr prekären Lage befanden. Als mich nachts Soldaten abholten und zur Polizei brachten, ging Sanyi mit, er ließ mich in der gefährlichen Situation nicht allein, obgleich das für ihn ungeahnte Folgen haben konnte. Und schließlich blüht mir die Erinnerung, wie Liviu bereitwillig half, und dann die selbstlose Unterstützung durch Mutter Biró und ihre Tochter Ilus, die ebenfalls lebensgefährlich war.

Schon für sie alle mußte dieses Buch geschrieben werden, damit die strahlende Erinnerung an sie nicht in endgültiges Vergessen gerät.

Die berichteten Tatsachen und Erfahrungen wärmen mir das Herz noch über die schrecklichsten Erinnerungen hinaus. Ich muß an das Gute glauben. Hoffnung und Nächstenliebe lassen sich nicht ausrotten.

Wie klein der Mensch ist und wie groß auch! Wie unglücklich er sein kann (als ich mich von meinem Mann trennen mußte), und wie glücklich zugleich (als eines hoffnungslos dunklen Morgens Katica zum erstenmal Mama zu mir sagte)!

Abschließend noch ein Wort zum Wunder der drei Brote. Es zog sich ein goldener Faden durch mein Leben im Lager von Mogiljow und erfüllte mich mit Hoffnung und Zuversicht. Die Zuversicht war nicht vergebens, wie sich erwies.

Ich danke Gott, daß ich meine Erinnerungen an jene schweren Zeiten aufschreiben und der Öffentlichkeit das bisher wenig bekannte Lager Mogiljow vorstellen durfte, diesen Ziegelstein im satanischen Bauwerk des Rassenhasses.

Kolozsvár, im September 1995

Rózsa Gottlieb

Bilder der Malerin Rózsa Gottlieb

Moses am Berg Sinai

Im faschistischen Lager

Die Pharaostochter findet Moses

Lyra

Pferde

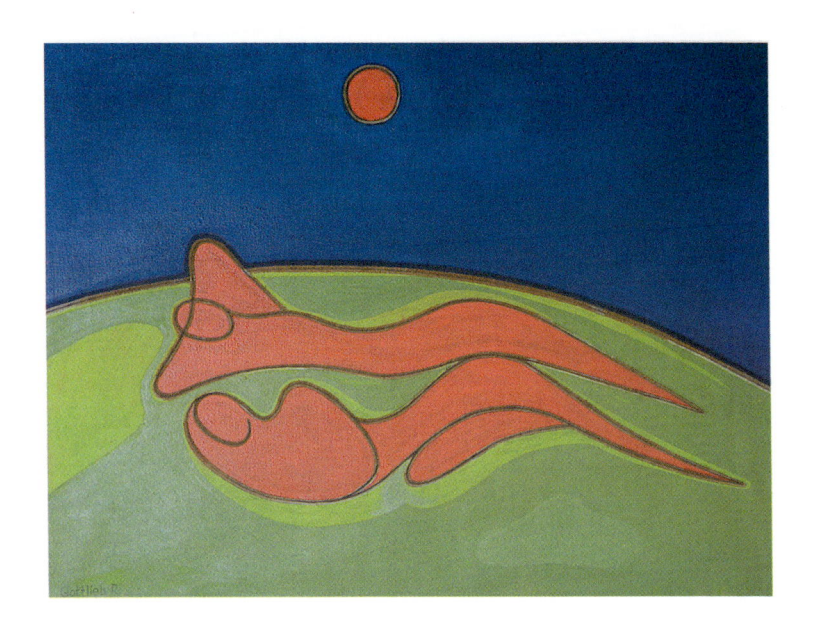

Sonnende

Mondscheinsonate

Frau mit Harfe

Jahreswechsel

Tanzende Linien II

Drei Brote

Tanzende Linien I

Katica, 20 Jahre alt

In der Sonne

Auf der Terasse

Die kluge Jungfrau